맛있는 스쿨  단과 강좌 할인 쿠폰

할인 코드   easyviet_lv1

단과 강좌 할인 쿠폰
20% 할인

할인 쿠폰 사용 안내
1. 맛있는스쿨(cyberjrc.com)에 접속하여 [회원가입] 후 로그인을 합니다.
2. 메뉴中[쿠폰] → 하단[쿠폰 등록하기]에 쿠폰번호 입력 → [등록]을 클릭하면 쿠폰이 등록됩니다.
3. [단과] 수강 신청 후, [온라인 쿠폰 적용하기]를 클릭하여 등록된 쿠폰을 사용하세요.
4. 결제 후, [나의 강의실]에서 수강합니다.

쿠폰 사용 시 유의 사항
1. 본 쿠폰은 맛있는스쿨 단과 강좌 결제 시에만 사용이 가능합니다.
2. 본 쿠폰은 타 쿠폰과 중복 할인이 되지 않습니다.
3. 교재 환불 시 쿠폰 사용이 불가합니다.
4. 쿠폰 발급 후 60일 내로 사용이 가능합니다.
5. 본 쿠폰의 할인 코드는 1회만 사용이 가능합니다.
*쿠폰 사용 문의 : 카카오톡 채널 @맛있는스쿨

맛있는 톡 할인 쿠폰

할인 코드   ph_easyvt_lv1

전화&화상 외국어 할인 쿠폰
10,000원

할인 쿠폰 사용 안내
1. 맛있는톡 전화&화상 중국어(phonejrc.com), 영어(eng.phonejrc.com)에 접속하여 [회원가입] 후 로그인을 합니다.
2. 메뉴中[쿠폰] → 하단[쿠폰 등록하기]에 쿠폰번호 입력 → [등록]을 클릭하면 쿠폰이 등록됩니다.
3. 전화&화상 외국어 수강 신청 시 [온라인 쿠폰 적용하기]를 클릭하여 등록된 쿠폰을 사용하세요.

쿠폰 사용 시 유의 사항
1. 본 쿠폰은 전화&화상 외국어 결제 시에만 사용이 가능합니다.
2. 본 쿠폰은 타 쿠폰과 중복 할인이 되지 않습니다.
3. 교재 환불 시 쿠폰 사용이 불가합니다.
4. 쿠폰 발급 후 60일 내로 사용이 가능합니다.
5. 본 쿠폰의 할인 코드는 1회만 사용이 가능합니다.
*쿠폰 사용 문의 : 카카오톡 채널 @맛있는스쿨

한눈에 보는 **베트남어 발음표**

발음 듣기

★ 성조

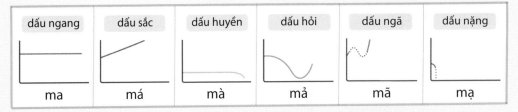

dấu ngang	dấu sắc	dấu huyền	dấu hỏi	dấu ngã	dấu nặng
ma	má	mà	mả	mã	mạ

★ 모음

a	ă	â	e	ê	o
[(긴) 아]	[(짧은) 아]	[(짧은) 어]	[애]	[에]	[오–어]

ô	ơ	i	y	u	ư
[오]	[(긴) 어]	[(짧은) 이]	[(긴) 이]	[우]	[으]

★ 자음

b	c	d	đ	g	h	k
[ㅂ]	[ㄲ]	[ㅈ(이)]	[ㄷ]	[ㄱ]	[ㅎ]	[ㄲ]

l	m	n	-p	q(u)	r	s
[ㄹ]	[ㅁ]	[ㄴ]	[–ㅂ]	[꾸]	[ㅈ(ㄹ)]	[ㅆ, ㅅ]

t	v	x	ch	tr	gh	gi
[ㄸ]	[ㅂ(이)]	[ㅆ]	[ㅉ]	[ㅉ]	[ㄱ]	[ㅈ(이)]

kh	ng	ngh	nh	ph	th	-m
[ㅋ]	[응]	[응]	[니]	[ㅍ]	[ㅌ]	[–ㅁ]

-n	-ng	-c	-p	-t	-nh	-ch
[–ㄴ]	[–ㅇ]	[–ㄱ]	[–ㅂ]	[–ㅅ, –ㅌ]	[–ㅇ]	[–ㄱ]

기초 학습자를 위한 **EASY VIETNAMESE**

참 쉬운
베트남어 **1**

• OPI 표현집 별책 제공
• MP3 파일 무료 다운로드

JRC 언어연구소 기획 | 홍빛나 저

맛있는 books

참 쉬운 베트남어 👍❶

초판 1쇄 발행	2020년 7월 10일
초판 2쇄 발행	2024년 1월 30일

기획	JRC 언어연구소
저자	홍빛나
감수	즈엉 티 투 흐엉
발행인	김효정
발행처	맛있는books
등록번호	제2006-000273호
편집	최정임
디자인	이솔잎 l 유효정
제작	박선희
삽화	박은미

주소	서울시 서초구 명달로 54 JRC빌딩 7층
전화	구입문의 02·567·3861 l 02·567·3837
	내용문의 02·567·3860
팩스	02·567·2471
홈페이지	www.booksJRC.com

ISBN	979-11-6148-043-5 14790
	979-11-6148-042-8 (세트)
정가	16,500원

베트남어를 공부하는 여러분은 베트남어가 정말 "참 쉬운 언어"라고 생각하시나요?

베트남어의 수요가 그 어느 때보다 높아지는 요즘, 많은 사람들이 사업, 취업, 수능, 공무원 시험, 관광, 결혼, 이민 등 너무나도 다양한 이유로 베트남어를 공부하고 있습니다. 베트남어 교육 시장에도 이에 발맞추어 많은 교재들과 학습 과정들이 시장에 쏟아지고 있지요. 하지만 외국어를 공부한다는 것이 결코 쉬운 과정이 아니기에 기초 또는 초급 과정에서부터 난관에 부딪히고 좌절하게 되는 경우가 종종 있습니다.

베트남어는 라틴어 알파벳을 사용하기 때문에 다른 언어보다 접근성이 좋으며 한자 문화권에 기반을 두고 있기에 한국인들이 습득하기에 용이한 언어 중 하나입니다. 처음에는 어렵고 낯설게 느껴질 수 있지만 한 번 궤도에 오르면 금방 수준을 올릴 수 있는 언어이지요. 그렇다고 시작 단계에서 진입 장벽을 넘어서는 일이 결코 쉽지만은 않습니다. 아무래도 평소에 접한 적 없는 외국어를 공부하다 보니 초급 단계에서도 어려움을 느끼고 초급 단계도 마무리하지 못한 채 베트남어 공부를 포기하는 경우도 있지요.

이미 많은 교재를 저술했지만 첫 진입 장벽을 넘어서지 못하는 분들을 위해 더 쉬운 교재가 필요하다고 느꼈습니다. 그래서 그런 분들을 위해 가장 쉽고 실용적으로 베트남어를 공부할 수 있는 『참 쉬운 베트남어』를 집필했습니다.

우선 이 책은 다른 초급 교재보다 더 쉽고 누구라도 따라 할 수 있는 학습 과정으로 구성되어 있습니다. 일상 속에서 흔히 벌어지는 상황을 차용한 실용적인 회화, 회화를 바탕으로 언어 체계를 간단하게 설명하는 문법, 이를 바탕으로 문장을 확장시키는 문장 연습, 원어민의 음성 파일을 듣고 따라 하는 스피킹 연습, 그리고 모든 것을 복습하고 익힐 수 있는 연습 문제 등 다채롭지만 공부하기 적당한 분량으로 구성했습니다.

『참 쉬운 베트남어』는 다양한 교재를 저술하며 쌓은 노하우가 녹아 들어간 가장 많이 쓰는 문장, 가장 쉽게 이해할 수 있는 문법으로 구성되어 있습니다.
가장 쉬운 교재가 필요한 여러분들이 진입 장벽을 넘어 베트남어의 궤도에 오를 수 있도록 『참 쉬운 베트남어』가 돕겠습니다.

홍빛나

차례&학습 내용

참 쉬운 베트남어👍 2 학습 내용

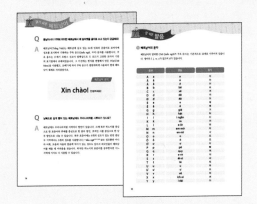

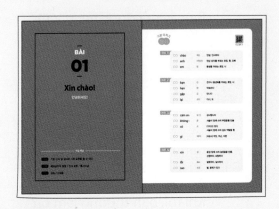

WARMING UP 베트남어란?

베트남어에 대한 기본 정보를 학습합니다. 성조, 모음, 자음 등 베트남어의 음절 요소를 배우며 베트남어 발음을 익혀 보세요.

학습 목표

본 과에서 학습할 내용을 미리 확인합니다.

기본 다지기 단어

회화를 배우기 전에 새 단어를 먼저 귀로 들으며 따라 읽어 보세요. 어렵거나 쓰임에 주의해야 할 단어는 □에 따로 표시해 놓고 복습할 때 활용해 보세요.

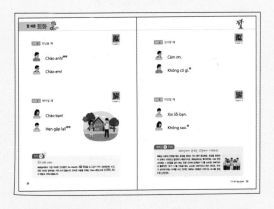

참 쉬운 회화

일상생활에 많이 쓰이는 의사소통 표현으로 이루어진 간결한 회화를 통해 살아 있는 베트남어를 쉽게 학습할 수 있습니다.

· 쏙쏙 Tip
  회화에 제시된 표현을 간략하게 설명해 놓았습니다.

· 베트남 속으로!
  베트남 생활 속 다양한 이야기를 통해 베트남을 한층 더 이해 할 수 있습니다.

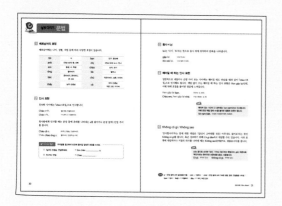

실력 다지기 **문법**

베트남어의 핵심 문법이 간결하게 정리되어 있어 쉽게
이해할 수 있습니다. 학습 내용을 얼마나 이해했는지
「바로바로 체크」로 확인해 보세요.

베트남어 트레이닝 **발음**

기본 발음을 학습한 후에 단어로 발음을 연습해 보세요.

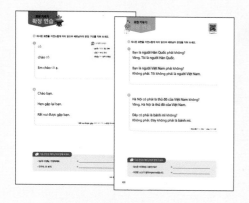

표현 키우기 **확장 연습&문장 연습**

베트남어의 핵심 문장을 트레이닝 할 수 있습니다. 다양한
문장이 입에서 막힘 없이 나올 수 있도록 큰 소리로 읽어
보세요.

회화 익히기 **스피킹 연습**

제시된 그림을 보고 베트남어로 표현해 보세요. 회화에서
익힌 표현을 일상생활에서 자연스럽게 말할 수 있도록 녹음
을 들으며 큰 소리로 말해 보세요.

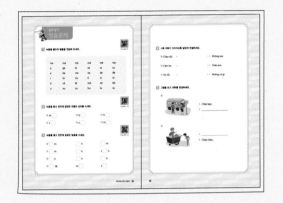

실력 쌓기 **연습문제**

듣기, 읽기, 말하기, 쓰기 영역이 통합된 문제를 통해
학습한 내용을 체크해 보세요.

주제별 **단어**

회화와 관련된 단어를 그림 또는 사진과 함께 제시
했습니다. 베트남어 단어 실력을 한층 업그레이드
해 보세요.

베트남 **문화**

지리, 민족 등 기본 지식뿐 아니라 우리나라와
베트남의 관계 등 다양한 정보를 접할 수 있습니다.

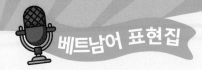

베트남어 표현집

간결하고 정확한 표현으로
베트남어 OPI 첫걸음에 도전해 보세요!

확장&문장 연습

본책에 수록된 「표현 키우기 확장 연습&문장 연습」의 문장을 정리해 놓았습니다. 큰 소리로 반복해서 읽으며 베트남어 문장을 자연스럽게 익힌 후, 우리말 문장을 보며 말해 보세요.

단어

OPI 주제별로 핵심 단어를 정리해 놓았습니다. 중요 단어는 □에 표시해 놓았다가 복습할 때 다시 한번 체크해 보세요.

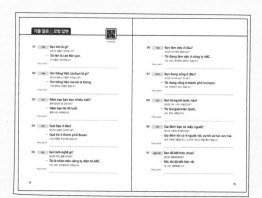

기출 질문&모범 답변

OPI 기출 질문으로 출제 경향을 파악하고 모범 답변을 보며 스피킹 연습을 해보세요. 베트남어 문장이 자연스럽게 나올 때까지 연습한 후 자신의 입장에서 대답해 보세요.

✦ 발음 표기법

❶ 베트남의 표준 발음인 북부 하노이 발음을 기준으로 삼아 녹음하였습니다.

❷ 우리말로 발음을 표기할 때는 북부 발음과 함께 괄호 안에 남부 발음을 병기해 놓았습니다.

❸ 베트남어 발음은 최대한 현지 발음에 가깝게 표기하였습니다. 하지만 정확한 발음 학습을 위해 원어민의 실제 발음을 듣고 학습하시기를 바랍니다.

❹ 인명이나 지명 등은 국립국어원의 「외래어 표기법」을 기준으로 하였으며, 익숙한 인명이나 지명은 예외를 두었습니다.

✦ MP3 파일 듣는 방법

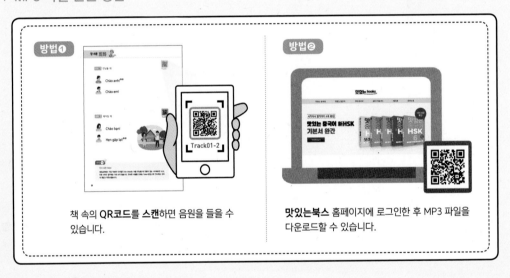

책 속의 **QR코드를 스캔**하면 음원을 들을 수 있습니다.

맛있는북스 홈페이지에 로그인한 후 MP3 파일을 다운로드할 수 있습니다.

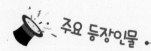
주요 등장인물

수진 Su-jin

• 한국인,
  호진이의 누나, 직장인

호진 Ho-jin

• 한국인,
  수진이의 동생, 대학생

란 Lan

• 베트남인,
  호진이의 학교 후배

따이 Tài

• 베트남인,
  수진이의 직장 동료

WARMING
UP

베트남어란?

학습 목표

▶ 베트남어의 기원과 특징을 이해할 수 있다

▶ 베트남어의 음절 구성을 이해할 수 있다

▶ 성조, 자음, 모음을 발음할 수 있다

Q 동남아시아 지역에 위치한 베트남에서 왜 알파벳을 글자로 쓰고 있는지 궁금해요!

A 베트남어(Tiếng Việt)는 베트남에 살고 있는 54개 민족의 공용어로 로마자에 성조를 표시하여 기록하는 꾸옥 응으(Quốc ngữ, 국어) 문자를 사용합니다. 꾸옥 응으는 17세기 프랑스 선교사 알렉상드르 드 로드가 고안한 로마자 기반의 표기법에서 유래되었습니다. 그 이전에는 한자를 변형해서 만든 쯔놈(Chữ Nôm)을 사용했고, 19세기에 와서 꾸옥 응으가 광범위하게 사용되어 현대 베트남어 체계로 자리잡았지요.

베트남어 문자

Xin chào! 안녕하세요!

Q 남북으로 길게 뻗어 있는 베트남에도 우리나라처럼 사투리가 있나요?

A 베트남에도 우리나라처럼 지역마다 방언이 있습니다. 크게 북부 하노이를 중심으로 한 표준어와 후에를 중심으로 한 중부 방언, 호찌민 시를 중심으로 한 남부 방언으로 나눌 수 있습니다. 북부 표준어에는 6개의 성조가 있는 반면 중남부 지역에서는 5개의 성조를 사용합니다.(*dấu ngã저우 응아 없음) 성조뿐만 아니라 어휘, 모음과 자음의 발음에 차이가 있는 경우도 있어서 외국인들이 베트남어를 배울 때 어려움을 겪습니다. 하지만 하노이의 표준어를 공부한다면 어느 지역에 가서도 다 사용할 수 있습니다.

Q 베트남어의 문법은 영어처럼 많이 복잡하고 어려운가요?

A 베트남어의 문법은 영어나 한국어에 비해 매우 간단한 편입니다. 베트남어는 고립어로 격이나 성, 수량에 따른 어미 변화가 없으며 조사도 사용하지 않습니다. 높임말도 호칭이나 높임말을 만드는 단어를 사용하여 나타내지요. 베트남어 문법에서 가장 중요한 것은 어순인데, 「주어＋서술어＋목적어」 순이며, 수식어는 피수식어 뒤에 위치합니다.

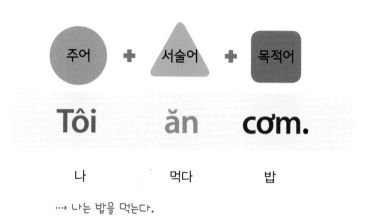

Q 베트남어에 한자어가 많아서 어휘를 공부하기가 쉽다고 하던데, 사실인가요?

A 사실입니다. 베트남어 어휘의 60~70%는 한자어로, 한자 문화권인 우리나라 사람들은 쉽게 어휘를 습득할 수 있습니다. 예를 들면 '한국'이라는 단어가 베트남어로 Hàn Quốc(한 꾸옥)인데, 여기서 quốc(꾸옥)은 '國(나라 국)'이라는 단어로 '국가(quốc gia)', '국제(quốc tế)' 등의 단어에서도 그대로 쓰입니다.

참 쉬운 발음

① 베트남어의 문자

베트남의 알파벳 Chữ Quốc ngữ(쯔 꾸옥 응으)는 기본적으로 29개로 이루어져 있습니다. 영어의 f, j, w, z가 없으며 đ가 있습니다.

문자		명칭	음가
A	a	a	아
Ă	ă	á	아
Â	â	ớ	어
B	b	bê	버
C	c	xê	꺼
D	d	dê	저
Đ	đ	đê	더
E	e	e	애
Ê	ê	ê	에
G	g	giê	거
H	h	hát	허
I	i	i ngắn	이
K	k	ca	까
L	l	e-lờ	러
M	m	em-mờ	머
N	n	en-nờ	너
O	o	o	오
Ô	ô	ô	오
Ơ	ơ	ơ	어
P	p	pê	뻐
Q	q	quy	뀌
R	r	e-rờ	저
S	s	ét-sì	써
T	t	tê	떠
U	u	u	우
Ư	ư	ư	으
V	v	vê	버
X	x	ích-xì	써
Y	y	i dài	이

② 베트남어의 음절 구성

베트남어는 단음절이 하나의 단어가 됩니다. 두 음절 이상으로 구성된 단어도 있지만 한 음절씩 띄어서 쓰는 것이 특징입니다.

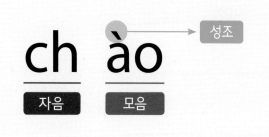

베트남어의 음절은 자음, 모음, 성조로 구성됩니다.

✦**자음** : 단자음, 복자음, 끝자음으로 구성되어 있습니다.

✦**모음** : 단모음, 이중모음, 삼중모음으로 구성되어 있습니다.

✦**성조** : 음의 높낮이를 표시한 것으로, 베트남어에는 6개의 성조가 있습니다.
　　　　글자가 같아도 성조가 다르면 의미도 달라집니다.

Track00-1

③ 성조

'성조'는 음의 높낮이를 말하는데, 베트남어는 총 6개의 성조가 있습니다. 각 성조의 이름이 정해져 있어 1~6성으로 부르기보다는 해당 성조의 명칭으로 부릅니다. 베트남어는 글자마다 고유의 음높이를 가지고 있어서, 알파벳 철자가 같아도 성조가 다르면 의미가 달라지므로 주의해야 합니다.

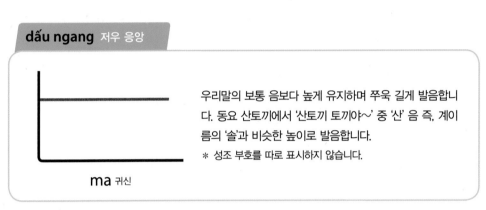

dấu ngang 저우 응앙

우리말의 보통 음보다 높게 유지하며 쭈욱 길게 발음합니다. 동요 산토끼에서 '산토끼 토끼야~' 중 '산' 음 즉, 계이름의 '솔'과 비슷한 높이로 발음합니다.
＊ 성조 부호를 따로 표시하지 않습니다.

ma 귀신

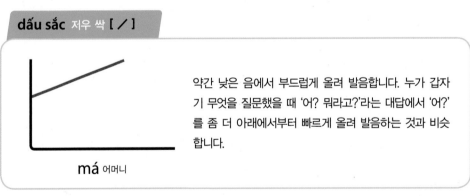

dấu sắc 저우 싹 [╱]

약간 낮은 음에서 부드럽게 올려 발음합니다. 누가 갑자기 무엇을 질문했을 때 '어? 뭐라고?'라는 대답에서 '어?'를 좀 더 아래에서부터 빠르게 올려 발음하는 것과 비슷합니다.

má 어머니

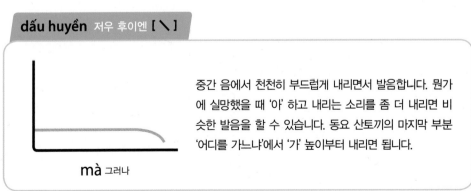

dấu huyền 저우 후이엔 [╲]

중간 음에서 천천히 부드럽게 내리면서 발음합니다. 뭔가에 실망했을 때 '아' 하고 내리는 소리를 좀 더 내리면 비슷한 발음을 할 수 있습니다. 동요 산토끼의 마지막 부분 '어디를 가느냐'에서 '가' 높이부터 내리면 됩니다.

mà 그러나

dấu hỏi 저우 호이 [ˀ]

mả 무덤

'물음표 성조'라고도 부르는데, 실제 발음이 물음표 모양과 매우 흡사합니다. 중간 음에서 시작하여 빨리 내렸다가 살짝 끝을 올려 줍니다. 여러 단어와 함께 쓰이는 경우에는 내리는 음만 들릴 수도 있습니다.

dấu ngã 저우 응아 [~]

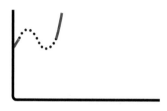

mã 말[동물]

목에 힘을 주어 염소 소리를 내듯이 하는 발음입니다. 모음 부분에 똑같은 모음이 하나 더 붙어 있고 뒤의 모음에 강세가 있다고 생각하며 재빠르게 발음합니다. 염소 소리 '음~매애'에서 '매애' 소리와 비슷합니다.

dấu nặng 저우 낭 [.]

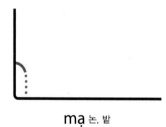

mạ 논, 밭

다른 성조에 비해 가장 낮은 음에서 시작하여 짧게 점을 찍듯이 내립니다. 발음하는 길이가 매우 짧습니다.

TIP

성조 표기법

❶ 모음이 하나일 때는 모음에 표기합니다. **예** làm 일하다 | sóc 다람쥐

❷ 모음이 두 개일 때
  • 끝자음이 있는 경우에는 끝자음 바로 앞의 모음에 표기합니다.
   예 hoãn 연기하다 | buồn 슬프다
  • 끝자음이 없는 경우에는 첫 번째 모음에 표기합니다.
   예 của ~의 | dừa 코코넛

❸ 모음이 세 개일 때
  • 끝자음이 있는 경우에는 끝자음 바로 앞의 모음에 표기합니다.
   예 Nguyễn 응우옌[성씨] | chuyến 차편
  • 끝자음이 없는 경우에는 가운데 모음에 표기합니다.
   예 người 사람 | loại 종류

Track00-2

④ 모음

✤ 단모음 : 단모음은 12개이고, 발음상으로는 11개(i=y)의 모음이 있습니다.

a (긴) 아	우리말의 '아'와 비슷하지만 입을 크게 벌려 더 길게 발음합니다.	**lá** 잎, 잎사귀
ă (짧은) 아	a처럼 '아'로 읽지만 짧게 발음합니다. 단독으로 읽을 때는 올라가는 성조 dấu sắc을 붙여 읽습니다.	**ăn** 먹다
â (짧은) 어	우리말의 '어'와 비슷하지만 짧게 발음합니다. 단독으로 읽을 때는 올라가는 성조 dấu sắc을 붙여 읽습니다.	**ấm** 따듯하다
e 애	우리말의 '애'와 비슷하지만 입을 작게 벌리고 더 가볍게 발음합니다.	**mẹ** 엄마, 어머니
ê 에	우리말의 '에'와 비슷하지만 더 가볍게 발음합니다. e와 ê는 실제로는 듣고 구별되지 않아 단어로 구별합니다.	**êm** 부드럽다
o 오-어	o는 우리말에 없는 모음으로 입을 조금 크게 벌리고 '오-어'로 발음합니다. '오'와 '어'의 중간 발음입니다.	**có** (가지고) 있다
ô 오	ô는 우리말의 '오'보다 입술에 힘을 주어 둥글게 하며 발음이 끝날 때까지 입 모양을 유지해야 합니다.	**ô** 우산
ơ (긴) 어	우리말의 '어'와 비슷하지만 입을 크게 벌려 더 길게 발음합니다.	**lợn** 돼지
i (짧은) 이	짧게 '이'로 발음합니다. 단모음으로 사용될 때 i와 y는 같은 발음으로, 현재는 단모음 y를 i로 변경하여 표기하지만 오랫동안 y로 쓰던 습관이 있어서 y로 표기하기도 합니다.	**im** 침묵하다

20

y (긴) 이	길게 '이'로 발음합니다. 단모음으로 사용될 때는 i와 같은 발음입니다.	**Mỹ** 미국
u 우	우리말의 '우'와 비슷하며 입술을 동그랗게 말아 앞으로 쭉 내밀면서 발음합니다.	**cụ** 노파, 노인
ư 으	우리말의 '으'와 비슷하지만 입 모양이 옆으로 쭈욱 길어집니다.	**nữ** 여자

★ 이중모음과 삼중모음 : 단모음을 하나씩 읽되 한 음절처럼 이어서 발음합니다.

ao 아오	**au** 아우	**âu** 어우	**eo** 애오	**iê** 이에	**ôi** 오이	**uô** 우오	**ươ** 으어
áo 옷	**cháu** 손자, 조카	**lâu** 오래	**heo** 돼지	**tiền** 돈	**tôi** 나	**luôn** 항상	**thường** 자주, 보통

oai 오아이	**iêu** 이에우	**yêu** 이에우	**ươi** 으어이	**ươu** 으어우
loại 종류	**siêu** 초월하다	**yêu** 사랑하다	**cười** 웃다	**hươu** 수사슴

★ 이중모음의 불규칙 : 아래 이중모음은 하나씩 읽되, 뒤의 'a' 발음을 '어'로 읽습니다.

ia 이어	**ua** 우어	**ưa** 으어
kia [지시사] 저	**cua** 게	**mưa** 비

⑤ 자음

Track00-3

✦ 단자음 : 하나의 자음으로 이루어져 있으며, 총 17개가 있습니다.

b ㅂ	영어의 b처럼 입술을 붙였다가 떼며 발음합니다. 우리말의 'ㅂ'보다 가볍게 발음합니다.	bò 소
c ㄲ	우리말의 'ㄲ'과 비슷하지만 가볍게 발음합니다. 첫 자음으로 쓰인 c 뒤에는 모음 a, ă, â, o, ô, ơ, u, ư가 옵니다.	cá 물고기
d ㅈ(이)	북부 지역에서는 'ㅈ'으로, 남부 지역에서는 반모음 '이'로 발음합니다.	dê 염소
đ ㄷ	'ㄷ'과 'ㄹ'의 중간 소리로 우리말의 'ㄷ'보다 힘을 빼고 가볍게 발음하며 지역에 따라서는 'ㄹ'에 더 가까운 경우가 있습니다.	đêm 밤
g ㄱ	우리말의 'ㄱ'과 비슷하지만 가볍게 발음합니다. 복자음 gh와 같은 발음입니다.	gà 닭
h ㅎ	우리말의 'ㅎ'과 비슷합니다.	hoa 꽃
k ㄲ	우리말의 'ㄲ'과 비슷하지만 가볍게 발음합니다. c와 같은 발음입니다. 첫 자음으로 쓰인 k의 뒤에는 모음 e, ê, i, y가 옵니다.	kem 아이스크림
l ㄹ	영어의 'l' 발음으로 혀를 가볍게 입천장에 붙였다가 떼면서 발음합니다.	lá 잎, 잎사귀
m ㅁ	우리말의 'ㅁ'과 비슷합니다.	mèo 고양이

22

n ㄴ	우리말의 'ㄴ'과 비슷합니다.	**nam** 남자, 남쪽
-p -ㅂ	자음 p는 끝자음(받침) 'ㅂ'으로만 쓰이고, 외래어를 표기할 때는 첫 자음으로 사용할 수 있습니다.	**gặp** 만나다
q(u) 꾸	자음 q는 항상 모음 u와 함께 사용하며 qu의 발음은 '꾸'라고 읽습니다.	**quần** 바지
r ㅈ(ㄹ)	북부 지역에서는 'ㅈ' 발음이고, 남부 지역에서는 영어의 'r' 발음으로 혀를 말아 발음합니다.	**rắn** 뱀
s ㅆ, ㅅ	우리말의 'ㅆ'과 비슷하지만 지역에 따라서 'ㅅ'에 가까운 소리를 내기도 합니다.	**sóc** 다람쥐
t ㄸ	우리말의 'ㄸ'과 비슷합니다.	**táo** 사과
v ㅂ(이)	영어의 'v' 발음으로 윗니를 아랫입술에 살짝 댔다가 떼며 발음합니다. 남부 지역에서는 '이'로 발음하기도 합니다.	**vở** 공책
x ㅆ	우리말의 'ㅆ'과 비슷합니다.	**xe** 차

★ 복자음 : 총 10개로, 자음을 하나씩 읽지 않고 두세 개의 자음을 하나의 음가로 읽습니다.

ch ㅉ	우리말의 'ㅉ'과 비슷하지만 가볍게 발음합니다.	**cha** 아버지
tr ㅉ	우리말의 'ㅉ'과 비슷하게 발음합니다. 복자음 ch에 비해 조금 더 강한 소리가 나며 지역에 따라서 혀를 둥글게 말아 발음하기도 합니다.	**trẻ** 젊다
gh ㄱ	우리말의 'ㄱ'과 비슷하지만 가볍게 발음하며, 단자음 g와 같은 발음입니다. 뒤에 특정 모음 i, ê, e만 옵니다.	**ghế** 의자
gi ㅈ(이)	영어의 'z' 발음과 비슷합니다. 남부 지역에서는 '이'로 발음 하기도 합니다.	**giấy** 종이
kh ㅋ	우리말의 'ㅋ'과 비슷하지만 비음이 많이 섞여 있는 발음입 니다.	**khỉ** 원숭이
ng 응	우리말의 '응'과 제일 비슷하나 실제 발음상에서는 아주 약 하게 들려 뒤에 모음이 올 때는 뒤의 모음이 더 강하게 들립 니다.	**ngàn** [숫자] 천
ngh 응	복자음 ng과 같은 발음으로 뒤에 특정 모음 i, ê, e만 옵 니다.	**nghĩ** 생각하다
nh 니	복자음 nh는 표기는 복자음이나 실제로는 반모음 '니'로 발음 합니다.	**nhiều** 많다
ph ㅍ	영어의 'f' 발음으로 윗니를 아랫입술에 살짝 댔다가 떼며 발음합니다.	**phở** 쌀국수
th ㅌ	우리말의 'ㅌ'과 비슷하며 가볍게 발음합니다.	**thép** 철(Fe)

♣ 끝자음 : 받침으로 쓰이는 끝자음은 총 8개가 있습니다. 첫 자음으로 쓰일 때와 다른 발음으로 쓰이는 끝자음이 있으니 주의해야 합니다.

-m -ㅁ	'ㅁ' 받침으로 읽습니다.	**khám** 진찰하다
-n -ㄴ	'ㄴ' 받침으로 읽습니다.	**quen** 익숙하다
-ng -ㅇ	'ㅇ' 받침으로 읽습니다. 앞에 모음이 ô, o, u인 경우 발음 끝에 입을 다물고 볼에 살짝 바람을 넣어 발음하여 실제로는 'ㅁ' 받침으로 끝난 것처럼 들리기도 합니다.	**nóng** 덥다
-c -ㄱ	첫 자음으로 쓰일 때와는 다르게 'ㄱ' 받침으로 읽습니다.	**bạc** 은
-p -ㅂ	'ㅂ' 받침으로 읽습니다.	**lặp** 반복하다
-t -ㅅ, -ㅌ	'ㅅ' 또는 'ㅌ' 받침으로 읽습니다.	**rất** 매우, 아주
-nh -ㅇ (a와 결합) 아잉(안)	-nh가 a와 결합할 때 북부 지역에서는 '아잉', 남부 지역에서는 '안'으로 읽습니다.	**bệnh** 병 **xanh** 푸르다
-ch -ㄱ (a와 결합) 아익(악)	-ch가 a와 결합할 때 북부 지역에서는 '아익', 남부 지역에서는 '악'으로 읽습니다.	**ếch** 개구리 **khách** 손님

BÀI

01

Xin chào!

안녕하세요!

─────────────── **학습 목표** ───────────────

회화 기본 인사 및 감사와 사과 표현을 할 수 있다

문법 베트남어의 호칭 / 인사 표현 / 동사+lại

발음 성조 / 단모음

회화★1			
☐☐	chào	짜오	안녕, 인사하다
☐☐	anh	아잉(안)	연상 남자를 부르는 호칭, 형, 오빠
☐☐	em	앰	동생을 부르는 호칭, 너

회화★2			
☐☐	bạn	반	친구나 동년배를 부르는 호칭, 너
☐☐	hẹn	핸	약속하다
☐☐	gặp	갑	만나다
☐☐	lại	라이	다시, 또

회화★3			
☐☐	cám ơn	깜 언	감사합니다
☐☐	không	콩	서술어 앞에 쓰여 부정문을 만듦
☐☐	có	꼬	(가지고) 있다, 서술어 앞에 쓰여 강조 역할을 함
☐☐	gì	지(이)	[의문사] 무엇, 무슨, 어떤

회화★4			
☐☐	xin	씬	문장 앞에 쓰여 높임말을 만듦, 신청하다, 요청하다
☐☐	lỗi	로이	잘못하다, 실수하다
☐☐	sao	싸오	별, 문제가 있다

Track01-2

회화 ★ 1 만났을 때

 Lan
Chào anh!❶❷

 Ho-jin
Chào em!

Track01-3

회화 ★ 2 헤어질 때

 Su-jin
Chào bạn!

 Tài
Hẹn gặp lại!❸❹

 쏙쏙 Tip

인사 표현 **Chào!**

베트남어에서 가장 익숙한 인사말인 **Xin chào!**는 처음 만났을 때 친분이 없는 사이에서만 쓰고, 친한 사이인 경우에는 거의 쓰지 않습니다. 친숙한 사람들 간에는 「chào+호칭」으로 인사하는 것이 더 정답고 자연스럽습니다.

회화★3 감사할 때

Ho-jin

Cám ơn.

Lan

Không có gì.⑤

회화★4 미안할 때

Tài

Xin lỗi bạn.

Su-jin

Không sao.⑤

베트남 속 으로!

베트남에서 관계는 호칭에서 시작해요!

베트남 사람과 친해질 때는 호칭을 정하는 것이 매우 중요해요. 호칭을 정하면서 관계가 시작되고 발전하기 때문이지요. 베트남에서는 특이하게도 서로 친한 사이에는 1, 2인칭을 같이 써요. 친한 사이에 상대방이 '나'를 'anh(형, 오빠)'이라고 불렀다면, '내'가 '나'를 지칭할 때도 'anh(형, 오빠)'이라고 하는 것이죠. 우리가 생각하기에는 어색할 수도 있지만, 베트남 사람들은 친하다는 표시를 호칭으로 나타내요.

1 베트남어의 호칭

베트남어에는 나이, 성별, 직업 등에 따라 다양한 호칭이 있습니다.

tôi	나	bạn	친구, 동년배
anh	(연상 남자) 형, 오빠	chị	(연상 여자) 누나, 언니
em	동생, 너, 학생	cháu	손자, 조카
ông	할아버지	bà	할머니
bác	큰아버지, 큰어머니, 큰 고모	chú	작은아버지, 삼촌, 아저씨
thầy	남자 선생님	cô	여자 선생님, 작은 고모, 아가씨

2 인사 표현

친숙한 사이에는 「chào+호칭」으로 인사합니다.

Chào anh.   형(오빠), 안녕하세요.
Chào chị.   누나(언니), 안녕하세요.

윗사람에게 인사할 때는 문장 끝에 존대를 나타내는 ạ를 붙이거나 문장 앞에 1인칭 주어를 씁니다.

Chào cô ạ.   (여자) 선생님, 안녕하세요.
Cháu chào ông ạ.   할아버지, 안녕하십니까?

☑ **바로바로 체크**   우리말을 참고하여 빈칸에 들어갈 알맞은 호칭을 쓰세요.

① (남자) 선생님, 안녕하세요.   ⇨ Em chào _____ ạ.

② 친구야, 안녕.   ⇨ Chào _____ .

---

③ 동사+lại

lại는 '다시', '또'라는 뜻으로 동사 뒤에 위치하여 반복을 나타냅니다.

gặp lại　　　　다시 만나다
Xin nói lại.　　다시 말해 주세요.

④ 헤어질 때 하는 인사 표현

일반적으로 내일이나 금방 다시 보는 사이에는 헤어질 때도 만났을 때와 같이 「chào+호칭」으로 인사해도 됩니다. 제일 많이 쓰는 헤어질 때 하는 인사 표현은 Hẹn gặp lại인데, 이때 뒤에 호칭을 붙이면 정답게 느껴집니다.

Hẹn gặp lại bạn.　　　　친구야, 또 보자.
Chào em, hẹn gặp lại nhé.　안녕, 동생아. 또 봐.

> 헤어져 있는 기간이 긴 경우에는 Tạm biệt이라고 인사합니다.
> 이때 문장 제일 앞에 xin을 붙이면 정중한 표현이 됩니다.
> **Xin tạm biệt.**　안녕히 가세요(안녕히 계세요).

⑤ Không có gì / Không sao

'감사합니다'라는 말에 대한 대답은 '(당신이 고마워할 것은) 아무것도 없어요'라는 뜻인 Không có gì를 씁니다. 혹은 강조하기 위해 Có gì đâu라고 대답할 수도 있습니다. 사과 표현에 대답하거나 거절의 의사를 나타낼 때는 Không sao(문제없어요, 괜찮습니다)를 씁니다.

> có는 동사로 쓰이면 '있다', '가지고 있다'라는 뜻입니다. gì는 의문사로 '무엇'이라는 뜻이지만 의문대명사로도 사용됩니다.
> **Có gì.**　무엇이 있다.　　**Không có gì.**　무엇이 없다.

단어 **ạ** 아 문장 끝에 쓰여 높임말을 만듦 | **nói** 노이 말하다 | **nhé** 네 문장 끝에 쓰여 가벼운 명령, 청유, 친밀함을 나타냄 | **tạm** 땀 잠시 | **biệt** 비엣 이별하다 | **đâu** 더우 어디, 부정 강조

베트남어 트레이닝
발음
성조와 단모음

Track01-6

1 **성조** : 베트남어에는 성조가 6개 있습니다. 성조는 음의 높낮이를 말하는데, 알파벳 철자가 같더라도 성조가 다르면 다른 뜻을 가진 단어가 되므로 주의해야 합니다.

dấu ngang	dấu sắc	dấu huyền	dấu hỏi	dấu ngã	dấu nặng
ma	**má**	**mà**	**mả**	**mã**	**mạ**
귀신	어머니	그러나	무덤	말[동물]	논, 밭
높고 길게 발음한다.	부드럽게 올린다.	끝까지 쭉 내린다.	올라갔다 빨리 내린다.	염소 소리처럼 목에 힘을 주고 튕긴다.	점을 찍듯이 강하게 내린다.

2 **단모음** : 베트남어의 단모음은 총 12개이고, 발음상으로는 11개(i=y)의 모음이 있습니다.

a	ă	â	e	ê	o
ô	**ơ**	**i**	**y**	**u**	**ư**

> ô 발음은 우리말의 '오'보다 입술에 힘을 주어 둥글게 하며 발음이 끝날 때까지 입 모양을 유지해야 합니다.

◉ 다음을 큰 소리로 따라 읽어 보세요.

a, ă, â
lá 라 잎, 잎사귀
ăn 안 먹다
ấm 엄 따뜻하다

e, ê
mẹ 매 엄마, 어머니
êm 엠 부드럽다

o, ô, ơ
có 꼬 (가지고) 있다
ô 오 우산
lợn 런 돼지

i, y
im 임 침묵하다
Mỹ 미 미국

u, ư
cụ 꾸 노파, 노인
nữ 느 여자

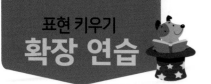

➕ 제시된 표현을 자연스럽게 따라 읽으며 베트남어의 문장 구조를 익혀 보세요.

1

cô

chào cô

Em chào cô ạ.

⚡ 교체해 보세요

· anh 아잉(안) 형, 오빠
· chị 찌 누나, 언니
· thầy 터이 남자 선생님

2

Chào bạn.

Hẹn gặp lại bạn.

Rất vui được gặp bạn.

· Rất vui được gặp 젓(럿) 부이 드억 갑+호칭 만나서 반갑습니다

💬 다음 문장을 베트남어로 말해 보세요.

· (남자) 선생님, 안녕하세요.   ⇢ _____

· 친구야, 또 보자.   ⇢ _____

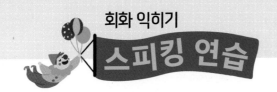
⊕ 다음 그림을 보고, 〈보기〉를 참고하여 말해 보세요.

보기

Chào chị ạ.
누나(언니), 안녕.

chị 누나, 언니

❶

chú 삼촌

Chào _____ ạ.

❷

bác 큰어머니

Cháu chào _____ ạ.

❸

bạn 친구

Chào _____ .

❹

ông 할아버지

Cháu chào _____ ạ.

Track01-9

1 녹음을 들으며 발음을 연습해 보세요.

ma	má	mà	mả	mã	mạ
a	ga	la	xa	ta	ca
e	be	me	ne	de	đe
i	bi	mi	li	xi	ni
ô	cô	lô	mô	xô	bô
u	xu	cu	hu	lu	su

Track01-10

2 녹음을 듣고 빈칸에 알맞은 모음과 성조를 쓰세요.

❶ m ⬚   ❷ b ⬚   ❸ h ⬚

❹ c ⬚   ❺ x ⬚   ❻ m ⬚

Track01-11

3 녹음을 듣고 빈칸에 알맞은 발음을 쓰세요.

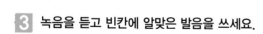

❶ ⬚ m   ⬚ n   ⬚ m

❷ ⬚ m   ⬚ n   c ⬚ n

❸ ⬚ n   ⬚ n   ⬚ n

❹ ⬚ tá   m ⬚   s ⬚

4 서로 대화가 이어지도록 알맞게 연결하세요.

❶ Chào chị. •

❷ Cám ơn. •

❸ Xin lỗi. •

• A Không sao.

• B Chào em.

• C Không có gì.

5 그림을 보고 대화를 완성하세요.

❶

A Chào bạn.

B _____

❷

A _____

B Chào cháu.

베트남 개괄

지난 몇 년간 베트남은 우리에게 가장 사랑받는 여행지로 급부상했습니다. 관광뿐만 아니라 여러 분야에서 베트남을 향한 관심이 높아지고 있는데, 여러분은 베트남에 대해 얼마나 알고 있나요? 베트남의 면적은 약 33만 341km²로 남북으로 길다란 나라이며 인도차이나반도 동쪽에 위치하여 북쪽으로는 중국, 서쪽으로는 라오스, 캄보디아와 국경을 접하고 있습니다. 인구는 약 9,734만 명으로 세계에서 15번째로 많습니다. 다른 나라에 비해 젊은 인구층이 매우 두텁기 때문에 기회의 나라이기도 합니다.

베트남의 국호인 Việt Nam은 과거 남월(南越 Nam Việt)이라는 국명을 거꾸로 쓴 것입니다. 정치 수도는 북쪽의 하노이고, 경제 수도는 남쪽의 호찌민(과거 사이공)입니다. 정치는 사회주의를 표방하지만 경제는 시장 경제를 도입해서 최근 우리나라의 다수 기업들이 진출해 있습니다. 베트남은 중국, 미국에 이어 우리나라의 주요 수출국입니다.

02

Em có khỏe không?

너는 잘 지내니?

───────────── 학습 목표 ─────────────

회화 안부를 묻고 답할 수 있다

문법 형용사술어문 / 정도부사(1)

발음 이중모음 / 삼중모음

회화 ★ 1

☐☐	có	꼬	서술어 앞에 쓰여 강조 역할을 함
☐☐	khỏe	코애	건강하다, 잘 지내다
☐☐	không	콩	서술어 앞에 쓰여 부정문을 만듦, 문장 끝에 쓰여 의문문을 만듦
☐☐	còn	꼰	그러면, 그러나, 그런데
☐☐	cũng	꿍	또한, 역시

회화 ★ 2

☐☐	bận	번	바쁘다
☐☐	mình	밍	친구 사이에서 1인칭, 나
☐☐	hơi	허이	약간, 조금
☐☐	mệt	멧	피곤하다
☐☐	lắm	람	매우, 아주, 무척
☐☐	không ~ lắm	콩 ~ 람	그다지 ~하지 않다

참 쉬운 회화

회화 ★ 1 안부 묻기

Track02-2

 Ho-jin Em có khỏe không?❶

 Lan Em khỏe. Còn anh?

 Ho-jin Anh cũng khỏe.

 쏙쏙 Tip

안부를 묻는 표현

안부를 물을 때는 「호칭+có khỏe không?」 외에도 「호칭+thế nào(~는 어때요?)」를 쓸 수 있습니다. 안부를 물어본 사람에게 되물을 때는 「còn+2인칭」 형식을 사용합니다. 주로 khỏe(잘 지내요), bình thường(그냥 보통이에요)으로 대답합니다.

• thế nào 테 나오 어때요? | bình thường 빈 트엉 보통, 그럭저럭

회화★2 일상생활에 대해

Track02-3

 Su-jin Bạn có bận không?

 Tài Mình hơi bận.❷

 Su-jin Bạn có mệt không?

 Tài Mình không mệt lắm.❷

베트남 속 으로!

인칭 단어의 미묘한 차이를 알아 두세요!

베트남에서 친구 사이에 쓰는 호칭은 정해져 있어요. 친구를 부를 때는 bạn을 쓰고, 친구와 대화할 때 1인칭은 mình을 쓰지요. 하지만 bạn은 친구 사이가 아니라도 동년배를 부르거나 친근하게 다른 사람을 부를 때도 쓸 수 있어서, 친한 친구를 부를 때는 cậu를 써요. 이때 1인칭은 tớ를 사용해요.

동년배, 단순한 친구 사이

| mình | — | bạn |
| 나 | | 친구 |

친한 친구 사이

| tớ | — | cậu |
| 나 | | 친한 친구 |

실력 다지기 문법

1 형용사술어문

형용사술어문은 형용사가 주어 뒤에 위치해 서술어 역할을 합니다. 영어와는 달리 be동사가 필요하지 않습니다.

긍정문   주어 + 형용사

Tôi bận.　　　　　　나는 바쁘다.
Phở ngon.　　　　　쌀국수는 맛있다.

부정문   주어 + không + 형용사

Tôi không bận.　　　나는 바쁘지 않다.
Phở không ngon.　　쌀국수는 맛있지 않다.

의문문   주어 + (có) + 형용사 + không?

Bạn (có) bận không?　　너는 바쁘니?
Phở (có) ngon không?　쌀국수는 맛있어?

TIP

① không은 문장에서 놓이는 위치에 따라 부정문 혹은 의문문을 만듭니다.
　서술어 앞에 không이 오면 부정문, 문장 끝에 không이 오면 의문문이 됩니다.

② 문장 끝에 không을 써서 의문문을 만들 때, 서술어 앞에 có를 붙여 강조할 수 있습니다.
　이때 có는 생략할 수 있으며 해석하지 않습니다.

바로바로 체크   다음 중 không이 들어갈 알맞은 위치를 고르세요.

① Ⓐ Phở Ⓑ ngon Ⓒ ?

② Ⓐ Anh Ⓑ mệt Ⓒ .

42

2 정도부사(1)

'매우', '무척', '아주', '꽤', '약간' 등 형용사나 감정 동사의 정도를 나타내는 부사를 정도부사라고 합니다. * 정도부사(2) ▶ 55쪽

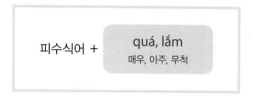

피수식어 +	**quá, lắm** 매우, 아주, 무척

hơi 약간, 조금	+ 피수식어

Thu xinh quá.　　　　투(Thu)는 아주 예쁘구나.
Tôi vui lắm.　　　　　나는 매우 즐거워.
Áo dài hơi đắt.　　　아오자이는 약간 비싸다.

quá, lắm의 부정문은 「không ~ lắm(그다지 ~하지 않다)」 형식만 사용합니다.

Tôi không bận lắm.　　나는 그다지 바쁘지 않다.
Hoa không mệt lắm.　호아(Hoa)는 그다지 피곤하지 않다.

☑ **바로바로 체크**　　빈칸에 알맞은 정도부사를 넣어 대화를 완성하세요.

A　Áo dài có đắt không?　　　아오자이는 비싼가요?

B1　Áo dài đắt _____ .　　아오자이는 매우 비싸요.

B2　Áo dài _____ đắt.　　아오자이는 약간 비싸요.

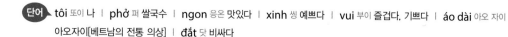

단어 ▸ tôi 또이 나 | phở 퍼 쌀국수 | ngon 응온 맛있다 | xinh 씽 예쁘다 | vui 부이 즐겁다, 기쁘다 | áo dài 아오 자이 아오자이[베트남의 전통 의상] | đắt 닷 비싸다

Track02-4

1 **이중모음** : 두 개의 모음으로 이루어진 것으로, 모음을 하나씩 읽습니다.

ao	au	âu	eo
iê	ôi	uô	ươ

2 **이중모음의 불규칙** : 하나씩 읽되, 뒤의 'a' 발음을 '어'로 읽습니다.

ia	ua	ưa

3 **삼중모음** : 세 개의 단모음으로 이루어진 것으로, 모음을 하나씩 읽되 첫 번째와 세 번째의 모음이 강하고 두 번째 모음은 거의 소리가 나지 않습니다.

oai	iêu	yêu	ươi	ươu

◎ 다음을 큰 소리로 따라 읽어 보세요.

ao, au, âu, eo

áo 아오 옷
cháu 짜우 손자, 조카
lâu 러우 오래
heo 해오 돼지

iê, ôi, uô, ươ

tiền 띠엔 돈
tôi 또이 나
luôn 루온 항상
thường 트엉 자주, 보통

ia, ua, ưa

kia 끼어 [지시사] 저
cua 꾸어 게
mưa 므어 비

oai, iêu, yêu

loại 로아이 종류
siêu 씨에우 초월하다
yêu 이에우 사랑하다

ươi, ươu

cười 끄어이 웃다
hươu 흐어우 수사슴

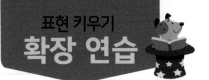

Track02-5

✚ 제시된 표현을 자연스럽게 따라 읽으며 베트남어의 문장 구조를 익혀 보세요.

1

khỏe

khỏe lắm

Tôi khỏe lắm.

⚡ 교체해 보세요

· vui 부이 즐겁다, 기쁘다
· mệt 멧 피곤하다
· cao 까오 키가 크다

2

bận

không bận

Tôi không bận.

⚡ 교체해 보세요

· buồn 부온 슬프다
· đói 도이 배고프다
· thấp 텁 키가 작다

💬 다음 문장을 베트남어로 말해 보세요.

· 나는 아주 기뻐요.   ⇨ _____

· 나는 배고프지 않아요.   ⇨ _____

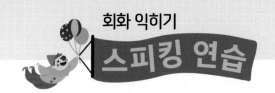

Track02-6

➕ 다음 그림을 보고, 〈보기〉를 참고하여 말해 보세요.

보기

bận 바쁘다

Anh có bận không?
형(오빠)은 바빠요?

➡ **Anh bận.**
형(오빠)은 바빠.

➡ **Anh không bận.**
형(오빠)은 바쁘지 않아.

❶

buồn 슬프다

Em có _____ không?

⇢ Em _____ .

⇢ Em không _____ .

❷

khỏe 건강하다

Bác có _____ không ạ?

⇢ Bác _____ .

⇢ Bác không _____ .

❸

vui 즐겁다, 기쁘다

Bạn có _____ không?

⇢ Mình _____ .

⇢ Mình không _____ .

❹

đói 배고프다

Chị có _____ không?

⇢ Chị _____ .

⇢ Chị không _____ .

1 녹음을 들으며 발음을 연습해 보세요.

Track02-7

quy	quý	quỳ	quỷ	quỹ	quỵ
cao	lau	râu	xạo	tàu	gấu
leo	tiêm	hôi	mèo	niềm	lỗi
chuông	hương	buồng	cường		
kia	mua	cưa	lìa	búa	hứa
thoại	nhiều	yếu	tươi	bươu	

Track02-8

2 녹음을 듣고 빈칸에 알맞은 모음과 성조를 쓰세요.

❶ ☐ o   ❷ ☐ o   ❸ ☐ i   ❹ o ☐ i   ❺ i ☐ u

❻ ☐ a   ❼ ☐ a   ❽ ☐ i   ❾ y ☐ u   ❿ ư ☐ i

3 다음 문장을 완성하세요.

❶ 너는 잘 지내니?　　　　　Bạn có ＿＿＿＿＿＿ không?

❷ 오빠(형)는 피곤하지 않아.　Anh ＿＿＿＿＿＿ mệt.

❸ 나는 즐거워.　　　　　　　Tôi ＿＿＿＿＿ .

❹ 저는 배고파요.　　　　　　Em ＿＿＿＿＿ .

4 제시된 단어를 배열하여 문장을 만드세요.

❶ lạnh   không   có   chị

⇢ _____ ?

누나(언니)는 추워요?

❷ tôi   no   không

⇢ _____ .

나는 배부르지 않아.

❸ cũng   mình   bận

⇢ _____ .

나도 바빠.

5 다음 〈보기〉 중에서 빈칸에 들어갈 알맞은 단어를 고르세요.

| 보기 | lắm   không   có |

❶ Tiếng Việt _____ dễ.

❷ Tôi mệt _____ .

❸ Anh _____ buồn không?

단어 lạnh 라잉(란) 춥다 ǀ no 노 배부르다 ǀ tiếng Việt 띠엥 비엣 베트남어 ǀ dễ 제(예) 쉽다

48

베트남
문화

베트남의 민족

베트남은 다민족 국가로, 베트남 정부가 공인하는 민족은 54개에 이릅니다.

베트남의 주요 민족은 낑족 또는 비엣족으로, 보통 베트남인이라고 할 때 다수 종족인 이 낑족을 가리키는 경우가 많습니다. 낑족은 베트남 전체의 86.2%를 차지합니다. 낑족 내부에서도 서로 다른 역사적 배경을 가진 북부 지역 사람들과 남부 지역 사람들은 대조적인 신체 특징을 보이며 정치, 경제 등 여러 가지 면에서 다양한 관점과 가치관을 갖고 있습니다.

각각의 소수 민족은 고유한 언어와 문화를 가지고 있습니다. 참족과 같이 역사상 독립 국가였다가 베트남에 흡수된 민족도 있고, 민족 국가를 이루지 못한 채 산간 지역에서 생활을 하는 민족도 있습니다. 현재 베트남 정부는 소수 민족을 통합하는 정책을 펼치고 있어 소수 민족의 사회, 정치, 문화적 참여가 증가하고 있습니다.

03

Anh học gì?

당신은 무엇을 배워요?

학습 목표

회화 학습 관련 표현을 말할 수 있다

문법 동사술어문 / 의문사 gì / 정도부사(2) / 3인칭

발음 단자음

회화 ★ 1

☐ ☐	học	혹	공부하다, 배우다
☐ ☐	gì	지(이)	[의문사] 무엇, 무슨, 어떤
☐ ☐	tiếng Việt	띠엥 비엣	베트남어
☐ ☐	tiếng Hàn	띠엥 한	한국어
☐ ☐	rất	젓(럿)	[부사] 매우, 아주, 무척
☐ ☐	khó	코	어렵다

회화 ★ 2

☐ ☐	ấy	어이	[지시사] 그
☐ ☐	thế nào	테 나오	[의문사] 어때요?
☐ ☐	thú vị	투 비	재미있다

Track03-2

회화 **★1** 캠퍼스에서

Lan

Anh học gì?❷

Ho-jin

Anh học tiếng Việt.❶ Còn em?

Lan

Em học tiếng Hàn.

Tiếng Hàn rất❸ khó.

베트남어 **tiếng Việt**

tiếng은 '소리', '언어'라는 뜻입니다. 「tiếng+나라 이름」으로 쓰면 그 나라의 언어라는 뜻이 됩니다.

예 tiếng Việt 베트남어   **tiếng Hàn** 한국어   **tiếng Anh** 영어

　　베트남　　　　　　　　　　　　　한국　　　　　　　　　　　　　영국

Track03-3

회화★2 스터디 카페에서

Bạn Min có học tiếng Việt không?

Có. Bạn ấy[4] cũng học tiếng Việt.

Tiếng Việt thế nào?

Tiếng Việt rất thú vị.

베트남 속 으로!

베트남에는 다양한 방언이 있어요!

외국인이 공부하기 어려운 세계의 3대 언어 중에 베트남어가 들어간다는 사실을 알고 있나요? 알파벳을 쓰고 영어에 비해 간단한 문법 체계를 가진 베트남어이지만 성조가 6개 있어 발음이 어려워요. 또 지역에 따라 크게 '북부 지역(표준어)–중부 지역(방언)–남부 지역(방언)'으로 나뉘어요. 표준어와 각 지역 방언은 모음과 자음 체계에서 차이가 있을 뿐만 아니라 어휘, 자음 음가가 다양해요. 북부 지역에서는 '아버지'를 bố라고 하지만 남부 지역에서는 ba라고 하지요. 하지만 북부 지역 표준어를 구사하면 어느 지역에서나 말이 통하기 때문에 걱정하지 않아도 돼요.

1 동사술어문

베트남어의 기본 어순은 「주어+서술어(동사/형용사)」입니다.

긍정문   주어 + 동사 + 목적어

Tôi xem phim.   나는 영화를 본다.

부정문   주어 + không + 동사 + 목적어

Tôi không xem phim.   나는 영화를 보지 않는다.

의문문   주어 + (có) + 동사 + 목적어 + không?

Bạn (có) xem phim không?   너는 영화를 보니?

TIP
① 동사 앞에 쓰인 có는 강조하기 위해 들어간 것으로 생략해도 됩니다.
② 대답은 긍정일 때는 có, 부정일 때는 không으로 합니다.

☑ 바로바로 **체크**   다음 문장을 읽고 맞으면 Đ, 틀리면 S를 쓰세요.

① Em bạn gặp. (   )   ② Chú thích phở không? (   )

2 의문사 gì

gì는 '무엇', '무슨', '어떤'이라는 뜻으로 의문대명사와 의문형용사 역할을 동시에 합니다.

Anh ăn gì?   형(오빠)은 무엇을 먹나요?
Bạn học tiếng gì?   너는 어떤 언어를 공부해?

☑ 바로바로 **체크**   다음 빈칸에 알맞은 의문사를 쓰세요.

① Em xem _____ ?   너는 <u>무엇을</u> 보니?

② Anh ăn món _____ ?   형(오빠)은 <u>어떤</u> 음식을 먹나요?

3 정도부사(2)

rất은 quá, lắm처럼 '매우', '아주', '무척'이라는 뜻의 정도부사로, 주로 문어체에 사용되고 감탄보다는 객관적인 어조를 나타냅니다. khá는 rất과 hơi의 중간 정도로 100% 중 대략 70~80%를 나타냅니다. * 정도부사(1) ▶ 43쪽

Linh rất xinh.　　링(Linh)은 아주 예뻐요.

Xe này khá đắt.　　이 차는 상당히 비싸다.

> ☑ 바로바로 체크　제시된 정도부사가 들어갈 알맞은 위치를 고르세요.
>
> ① A Đà Nẵng　B xa　C .　　(rất)
>
> ② A Tiếng Việt　B khó　C .　　(quá)
>
> ③ A Chị ấy　B cao　C .　　(khá)

4 3인칭

1인칭	2인칭	3인칭
tôi em mình tớ	anh 형, 오빠 chị 누나, 언니 em 동생, 학생 bạn 친구 ông 할아버지 bà 할머니	anh ấy 그 형(오빠) chị ấy 그 누나(언니) em ấy 그 동생, 그 학생 bạn ấy 그 친구 ông ấy 그 할아버지 bà ấy 그 할머니

TIP

① 1인칭으로 em을 쓸 때는 대화하고 있는 상대방이 형(오빠)이나 누나(언니), 선생님인 경우입니다.

② 부부나 연인 사이에는 호칭을 「anh(남자)−em(여자)」으로 하기도 합니다.

③ 3인칭은 2인칭 뒤에 ấy를 붙여 만듭니다.

단어 xem 쌤 보다, 시청하다 | phim 핌 영화 | thích 틱 좋아하다 | ăn 안 먹다 | món 몬 음식 | xe 쌔 차 | này 나이 [지시사] 이 | Đà Nẵng 다 낭 [지명] 다낭 | xa 싸 멀다

베트남어 트레이닝

발음

단자음

Track03-4

⭐ 단자음

한 글자로 이루어진 자음으로 베트남어에는 총 17개의 단자음이 있습니다. 베트남어에는 영어 알파벳의 f, j, w, z가 없습니다.

> b와 v의 발음은 다릅니다. b는 입술을 붙였다가 떼며 발음하고, v는 윗니를 아랫입술에 붙였다가 떼며 발음합니다.

| b | c | d | đ |

| g | h | k | l |

| m | n | -p | q(u) |

> q는 항상 모음 u와 결합합니다.

| r | s | t | v | x |

⊙ 다음을 큰 소리로 따라 읽어 보세요.

b, c, d, đ

bò 보 소
cá 까 물고기
dê 제(예) 염소
đêm 뎀 밤

g, h, k, l

gà 가 닭
hoa 호아 꽃
kem 깸 아이스크림
lá 라 잎, 잎사귀

m, n, -p, q(u)

mèo 매오 고양이
nam 남 남자, 남쪽
gặp 갑 만나다
quần 꾸언 바지

r, s, t, v, x

rắn 잔(란) 뱀
sóc 쏙 다람쥐
táo 따오 사과
vở 버 공책
xe 쌔 차

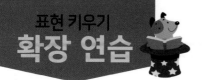

Track03-5

➕ 제시된 표현을 자연스럽게 따라 읽으며 베트남어의 문장 구조를 익혀 보세요.

1

học

học tiếng Việt

Tôi học tiếng Việt.

🔄 교체해 보세요
- **tiếng Anh** 띠엥 아잉(안) 영어
- **toán** 또안 수학
- **bơi** 버이 수영하다

2

ăn

không ăn

Tôi không ăn.

🔄 교체해 보세요
- **đi** 디 가다
- **uống** 우옹 마시다
- **chơi** 쩌이 놀다

💬 다음 문장을 베트남어로 말해 보세요.

- 나는 수학을 배워요.　　　⇨ _____

- 나는 놀지 않아요.　　　⇨ _____

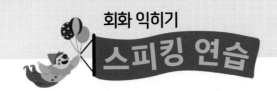

회화 익히기
스피킹 연습

Track03-6

➕ 다음 그림을 보고, 〈보기〉를 참고하여 말해 보세요.

보기

Anh có học tiếng Việt không?
형(오빠)은 베트남어를 배워요?

➤ **Có, anh học tiếng Việt.**
응, 나는 베트남어를 배워.

➤ **Không, anh không học tiếng Việt.**
아니, 나는 베트남어를 배우지 않아.

học tiếng Việt 베트남어를 배우다

ăn phở 쌀국수를 먹다

Chị có _____ không?

⇨ Có, chị _____ .

⇨ Không, chị không _____ .

biết tiếng Hàn 한국어를 알다

Em có _____ không?

⇨ Có, em _____ .

⇨ Không, em không _____ .

đi Việt Nam 베트남에 가다

Cháu có _____ không?

⇨ Có, cháu _____ .

⇨ Không, cháu không _____ .

uống cà phê 커피를 마시다

Cô có _____ không?

⇨ Có, cô _____ .

⇨ Không, cô không _____ .

1 녹음을 들으며 발음을 연습해 보세요.

Track03-7

bông	bống	bồng	bổng	bỗng	bộng
bơ	cả	dù	đi	gỗ	hồng
lầu	múa	nào	lập	quả	rủ
tỏi	voi	xinh			

2 녹음을 듣고 빈칸에 알맞은 자음을 쓰세요.

Track03-8

① ☐ è　　② ☐ ỷ　　③ ☐ ảo

④ ☐ ố　　⑤ ☐ iệt Nam　　⑥ ☐ ắm

3 제시된 단어를 배열하여 문장을 만드세요.

① em　　không　　tiếng Pháp　　có　　biết

⇢ _____?

　너는 프랑스어를 아니?

② bạn　　gì　　xem

⇢ _____?

　너는 무엇을 보니?

③ mèo　　rất　　tôi　　thích

⇢ _____.

　나는 고양이를 매우 좋아해.

4 서로 대화가 이어지도록 알맞게 연결하세요.

❶ Anh xem gì?   •   • A   Áo dài Việt Nam rất đẹp.

❷ Bạn có học bơi không?   •   • B   Anh xem tivi.

❸ Áo dài Việt Nam thế nào? •   • C   Không, tôi không học bơi.

5 그림을 보고 대화를 완성하세요.

❶

A   Bạn học gì?

B   _____

❷

A   Bạn có học ghi-ta không?

B   _____

단어 tiếng Pháp 띠엥 팝 프랑스어 ㅣ biết 비엣 알다 ㅣ mèo 매오 고양이 ㅣ bơi 버이 수영하다 ㅣ đẹp 댑 아름답다 ㅣ
tivi 띠비 TV, 텔레비전 ㅣ ghi-ta 기–따 기타

60

베트남
문화

베트남의 한국어 열풍

베트남에서 한류 열풍이 불고 있다는 것은 더 이상 놀라운 일이 아닙니다. 한류 열풍은 민간 문화 교류의 영역을 넘어 기업과 국가 간의 투자와 무역 증대 차원으로 확대되었습니다. 이에 따라 자연스럽게 베트남에서의 한국어 교육 시장도 넓어졌습니다. 다수의 한국 기업이 베트남 시장에 진출하면서 한국어 능력을 가진 인재들의 수요가 급증했고, 베트남 내에서 한국어 교육은 영어, 중국어 다음으로 큰 외국어 시장으로 성장했습니다. K-POP과 한국 드라마로 한국에 관심을 가진 세대들이 한국어를 전공으로 선택하는 경우가 늘고 있고, '한국어 능력이 성공의 척도'라는 말도 있다고 하니 가히 놀랄 만합니다. 현재 23개의 대학에서 약 만 명의 학생들이 한국어를 전공하고 있고, 각종 어학당과 한국 정부 산하의 교육 기관에서도 다양한 한국어 수업이 열리고 있습니다. 이제는 한국어를 가르칠 수 있는 교원에 대한 수요가 점점 증가하고 있어 베트남에서 우리가 관심을 가져야 할 새로운 장이 열렸다고 할 수 있습니다.

Anh đi đâu đấy?

당신은 어디 가요?

회화 ★ 1

☐ ☐	đi	디	가다
☐ ☐	đâu	더우	[의문사] 어디
☐ ☐	đấy	더이	[어기조사] 진행을 나타냄
☐ ☐	thư viện	트 비엔	도서관
☐ ☐	ở	어	[전치사] ~에서, [동사] ~에 있다
☐ ☐	đằng	당	쪽, 편
☐ ☐	kia	끼어	[지시사] 저

회화 ★ 2

☐ ☐	sống	쏭	살다
☐ ☐	Hà Nội	하 노이	[지명] 하노이
☐ ☐	quê	꾸에	고향

회화 ★1 장소 말하기

Track04-2

 Lan

Anh đi đâu❶ đấy?

 Ho-jin

Anh đi thư viện.

 Lan

Thư viện ở đâu?

 Ho-jin

Ở❷ đằng kia.❸

 쏙쏙 Tip

Anh đi đâu đấy?

어기조사 đấy는 문장 끝에 위치하여 현재 어떤 행동이 진행되고 있음을 나타냅니다. 만약 회화에서 đấy를 빼고 말하면 퉁명스럽고 부자연스러운 어조가 되므로 주의하세요.

📗 Bà đi đâu đấy ạ? 할머니 (지금) 어디 가세요?

회화★2 거주지 말하기

 Tài

Bạn sống ở đâu?

 Su-jin

Mình sống ở❷ Hà Nội.

 Tài

Quê bạn ở đâu?

 Su-jin

Quê mình ở Seoul.

베트남 속 으로!

베트남 사회는 나날이 발전하고 있어요!

베트남 사회는 우리나라의 80~90년대의 모습과 많이 닮아 있어요. 하지만 변화와 발전 속도는 세계 어느 나라에서도 전례를 찾아보기 힘들 정도로 빠르지요. 도시화가 가속화되어 이촌향도 현상이 심해져서 도시민들의 고향이 시골인 경우가 많아 '고향'이라는 뜻의 quê가 '시골'이라는 뜻으로도 사용돼요.

1 의문사 đâu

đâu는 장소를 묻는 의문사로 '어디'라는 뜻입니다. đi(가다), ở(~에서, ~에 있다) 같은 동사와 자주 결합하여 쓰입니다.

Cậu đi đâu đấy?　　너는 어디 가?

Anh học ở đâu?　　형(오빠)은 어디에서 공부해요?

TIP

đâu는 부정을 강조하는 의미도 가지고 있는데, 우리말의 '(펄쩍 뛰면서 부정하는) 어디 가 그래'와 비슷합니다.
부정을 강조할 때는 「không ~ đâu」 형식으로 쓰이기도 합니다.

Đâu! Em không thích đâu.　　전혀요! 저는 전혀 좋아하지 않아요.

☑ 바로바로 체크　　다음 빈칸에 들어갈 단어를 고르세요.

A nào	B thế nào	C đâu

① Cô ăn phở ở ＿＿＿＿＿＿＿ ạ?

② Mình không ăn ＿＿＿＿＿＿＿ .

2 동사&전치사 ở

ở는 장소 앞에 위치하여 동사 혹은 전치사로 쓰입니다. 전치사로 쓰이면 '~에서'라는 뜻이고, 동사로 쓰이면 '~에 있다'라는 뜻으로 주어의 위치를 나타냅니다.

동사 : ~에 있다　　주어 + ở + 장소

Anh Minh ở Hà Nội.　　밍(Minh) 형(오빠)은 하노이에 있다.

전치사 : ~에서　　주어 + 동사 + 목적어 + ở + 장소

Chúng tôi học tiếng Việt ở Hà Nội.　　우리는 하노이에서 베트남어를 공부한다.

TIP

ở 앞에 다른 동사가 있으면 전치사이고, 다른 동사가 없으면 동사입니다.

3 지시사 kia

kia는 '저'라는 뜻으로 자신에게서 비교적 멀리 있는 것을 가리킬 때 사용합니다.

지시형용사		지시대명사(사람, 사물, 장소)	
này	이	đây	이 사람, 이것, 여기
kia	저	kia	저 사람, 저것, 저기
ấy, đó, đấy	그	đó, đấy	그 사람, 그것, 거기

지시형용사는 명사와 함께 「명사+지시사」 형식으로 쓰이고, 지시대명사는 명사를 대신하여 단독으로 쓰입니다.

Áo này **cũ.**	이 옷은 낡았다.
Em sống ở đây**.**	저는 여기에서 살아요.
Tôi gặp người ấy**.**	나는 그 사람을 만난다.

단어 **cậu** 꺼우 친한 친구를 부르는 호칭 ㅣ **chúng tôi** 쭝 또이 우리 ㅣ **áo** 아오 옷 ㅣ **cũ** 꾸 낡다 ㅣ **gặp** 갑 만나다 ㅣ
người 응으어이 사람 ㅣ **nhà sách** 냐 싸익(싹) 서점

⭐ 복자음

베트남어의 복자음은 총 10개로, 하나의 복자음은 두세 개의 자음으로 이루어져 있습니다.

> gi는 영어의 z 발음과 비슷하며 남부 지역에서는 '이'로 읽습니다.

ch	tr	gh	gi	kh
ng	ngh	nh	ph	th

> ph는 영어의 f 발음과 비슷합니다.

◉ 다음을 큰 소리로 따라 읽어 보세요.

ch, tr

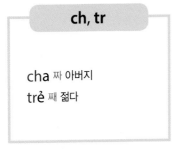

cha 짜 아버지
trẻ 째 젊다

gh, gi, kh

ghế 게 의자
giấy 저이(여이) 종이
khỉ 키 원숭이

ng, ngh, nh

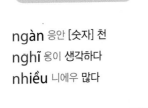

ngàn 응안 [숫자] 천
nghĩ 응이 생각하다
nhiều 니에우 많다

ph, th

phở 퍼 쌀국수
thép 탭 철(Fe)

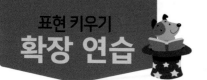

Track04-5

➕ 제시된 표현을 자연스럽게 따라 읽으며 베트남어의 문장 구조를 익혀 보세요.

❶

thư viện

đi thư viện

Tôi đi thư viện.

 교체해 보세요

· bệnh viện 벵 비엔 병원
· chợ 쩌 시장
· rạp chiếu phim 잡(랍) 찌에우 핌 영화관

❷

Đà Nẵng

ở Đà Nẵng

Tôi ở Đà Nẵng.

⚡ 교체해 보세요

· nhà 냐 집
· công ty 꽁 띠 회사
· trường 쯔엉 학교

💬 다음 문장을 베트남어로 말해 보세요.

· 나는 영화관에 가요.   ⇢ _____

· 나는 집에 있어요.   ⇢ _____

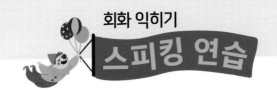

Track04-6

➕ 다음 그림을 보고, 〈보기〉를 참고하여 말해 보세요.

보기

Anh ở đâu đấy?

형(오빠)은 어디에 있어요?

➡ Anh ở thư viện.

나는 도서관에 있어.

thư viện 도서관

❶

rạp chiếu phim 영화관

Bạn ở đâu đấy?

⟿ Mình ở _____ .

❷

nhà 집

Chị ở đâu đấy?

⟿ Chị ở _____ .

❸

quán cà phê 카페

Em ở đâu đấy?

⟿ Em ở _____ .

❹

nhà sách 서점

Cậu ở đâu đấy?

⟿ Tớ ở _____ .

실력 쌓기
연습문제

Track04-7

1 녹음을 들으며 발음을 연습해 보세요.

bây giờ	thời gian	nhường nhịn	thành phố
nghe nói	nước ngoài	sửa chữa	thắc mắc
bình thản	thường xuyên	hộ chiếu	ngoại ngữ

Track04-8

2 녹음을 듣고 빈칸에 알맞은 자음을 쓰세요.

❶ ☐ è ❷ ☐ ao ❸ ☐ ét

❹ ☐ ổ ❺ ☐ i ❻ ☐ ao

3 다음 〈보기〉 중에서 빈칸에 들어갈 알맞은 단어를 고르세요.

보기 ở sống đấy

❶ Bạn xem gì _____ ?

❷ Anh _____ ở ký túc xá.

❸ Sân bay _____ đâu?

4 서로 대화가 이어지도록 알맞게 연결하세요.

❶ Em Hoa đi đâu đấy? •

❷ Phòng vệ sinh ở đâu? •

❸ Bạn ăn phở ở đâu? •

• A Mình ăn phở ở quán phở 555.

• B Ở đằng kia.

• C Em ấy đi siêu thị.

5 그림을 보고 대화를 완성하세요.

❶

A Chị ở đâu đấy?

B _____

❷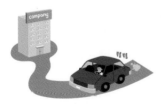

A Anh đi đâu đấy?

B _____

단어 ký túc xá 끼 뚝 싸 기숙사 | sân bay 썬 바이 공항 | phòng vệ sinh 퐁 베 씽 화장실 | quán phở 꾸안 퍼 쌀국수
가게 | em ấy 앰 어이 [3인칭] 그 동생, 그 학생 | siêu thị 씨에우 티 슈퍼마켓, 마트

72

베트남의 지리

인도차이나반도 동쪽 끝에 위치한 베트남은 아름다운 해변으로 널리 알려져 있습니다. 남북의 길이가 1,650km로 길게 뻗어 있고 해안선이 약 3,260km에 달한다고 하니 정말 길쭉한 나라가 아닐 수 없습니다. 하지만 베트남에는 아름다운 해안만 있는 것은 아닙니다. 베트남 북쪽에는 티베트까지 이어지는 거대한 안남산맥이 있어서 고산 지대를 이루고 있고, 백두산보다도 1,000m가 높은 판시팡산이 위치하고 있습니다.

베트남의 지형은 우리나라와 반대로 서고동저의 배치를 보이고 있기 때문에 많은 강들이 동해로 흘러 들어갑니다. 동북부에는 홍강이라는 거대한 강이 있어서 홍강 삼각주를 만들어 비옥한 곡창 지대를 형성합니다. 중부는 해변이 아름다워 다낭, 냐짱, 무이네 등 유명한 관광 도시들이 즐비합니다. 남부에는 세계에서 12번째로 긴 강인 메콩강이 흘러 메콩 삼각주를 이루고 있습니다. 이처럼 베트남은 바다뿐 아니라 고산 지대, 비옥한 삼각주 등 여러 지형이 공존하는 나라입니다.

05

Tôi đã xem phim.

나는 영화를 봤어.

학습 목표

회화 시제에 따라 활동을 말할 수 있다

문법 시제사 đã-đang-sẽ / 시간명사 / 「동사+동사」 구조

발음 끝자음

회화★1

☐ ☐	hôm qua	홈 꾸아	어제
☐ ☐	đã	다	[시제사] 동사 앞에 쓰여 과거를 나타냄
☐ ☐	làm	람	일하다, ~하다
☐ ☐	xem	쌤	보다, 시청하다
☐ ☐	phim	핌	영화
☐ ☐	chiều nay	찌에우 나이	오늘 오후
☐ ☐	sẽ	쌔	[시제사] 동사 앞에 쓰여 미래와 의지를 나타냄
☐ ☐	bơi	버이	수영하다

회화★2

☐ ☐	muốn	무온	~를 원하다, ~하고 싶다
☐ ☐	uống	우옹	마시다
☐ ☐	cà phê	까 페	커피
☐ ☐	thích	틱	좋아하다
☐ ☐	ăn	안	먹다
☐ ☐	bánh kem	바잉(반) 깸	케이크

회화★1 활동 말하기

Track05-2

 Hôm qua[2] **anh đã**[1] **làm gì?**

 Anh đã xem phim.

 Chiều nay anh sẽ làm gì?

 Anh sẽ đi bơi.[3]

Hôm qua anh đã làm gì?

'오늘', '오후 4시', '수요일', '다음 주'처럼 시간을 나타내는 명사는 문두와 문미에 모두 위치할 수 있습니다. 하지만 시간은 중요한 정보이므로 보통 문장 제일 앞에 씁니다.

Track05-3

회화★2 취향 말하기

Bạn muốn uống gì?

Mình muốn uống cà phê.❸

Bạn có thích ăn bánh kem không?

Có, mình rất thích ăn bánh kem.

베트남 속 으로!

베트남 커피의 매력에 빠져 보세요!

프랑스의 영향을 많이 받은 베트남은 유럽처럼 거리마다 노천 카페로 가득 차 있어요. 베트남이 세계 2위의 커피 수출국인 것은 우리가 익히 알고 있는 사실 이지요. 베트남 커피 브랜드 중에서 Trung Nguyên이 제일 유명한데, G7 커피가 바로 이 브랜드의 대표 상품이에요. 최근에 인기를 끌고 있는 콘삭(con sóc 다람 쥐) 커피도 베트남의 브랜드이지요. 베트남에 가게 되면 노천 카페에서 여유 있 게 커피 한 잔을 즐겨 보세요.

1 시제사

베트남어는 고립어로 단어에 형태 변화가 없기 때문에 시제사를 서술어 앞에 위치시켜 시제를 나타냅니다.

과거	현재	미래
đã ~했다	đang ~하고 있다	sẽ ~할 것이다

Tớ đã làm bài tập. 나는 숙제를 했어.

Cháu đang nấu ăn ạ. 저는 요리하고 있어요.

Em sẽ đi du lịch. 저는 여행 갈 거예요.

TIP

완료를 표현할 때는 문장 끝에 rồi를 붙입니다. 과거를 나타내는 시제사 đã와 함께 쓸 수 있습니다.

Tớ đã làm bài tập rồi. 나는 숙제를 다 했어.

☑ 바로바로 **체크**   우리말을 참고하여 빈칸에 들어갈 알맞은 시제사를 쓰세요.

① Chị _____ uống sữa rồi.   누나(언니)는 우유를 마셨어.

② Mình _____ đi thư viện.   나는 도서관에 갈 것이다.

③ Anh Nam _____ ăn cơm.   남(Nam) 오빠(형)는 밥을 먹고 있는 중이다.

---

2 시간명사

회화에서 필수적으로 쓰이는 시간명사는 다음과 같습니다.

그제	어제	오늘	내일	모레
hôm kia	hôm qua	hôm nay	ngày mai	ngày kia
오전, 아침	점심	오후	저녁	밤
sáng	trưa	chiều	tối	đêm

'내일 아침'처럼 시간을 구체적으로 말하고 싶을 때는 「sáng(아침)+ngày mai(내일)」 형식으로 우리말과는 반대로 표현합니다. 이때 hôm, ngày는 생략할 수 있습니다.

Sáng nay tôi đã ăn phở.　　오늘 아침에 나는 쌀국수를 먹었다.
Chiều mai gặp lại nhé.　　내일 오후에 만나자.

3 「동사＋동사」 구조

베트남어는 영어의 to부정사, 동명사와는 달리 동사가 다른 동사를 목적어로 취할 때 형태가 변하지 않습니다. 「동사＋동사」 구조는 연속적인 동작을 표현하거나 뒤 동사가 앞 동사의 목적어가 됩니다. 특히 muốn, thích과 같은 동사는 자주 동사를 목적어로 취합니다.

긍정문　　주어 + 동사 + 동사 + 목적어

Mình thích xem phim.　　　나는 영화 보는 것을 좋아한다.
Anh Hải muốn về Việt Nam.　　하이(Hải) 형(오빠)은 베트남으로 돌아가고 싶어 한다.

부정문　　주어 + không + 동사 + 동사 + 목적어

Mình không thích xem phim.　　나는 영화 보는 것을 좋아하지 않는다.
Anh Hải không muốn về Việt Nam.　　하이(Hải) 형(오빠)은 베트남으로 돌아가고 싶어 하지 않는다.

TIP
부정문을 만들 때 không은 첫 번째 동사 앞에 위치합니다.

☑ 바로바로 체크　　다음 중 không이 들어갈 알맞은 위치를 고르세요.

① Chị Lan　A muốn　B uống　C trà.

② Mình　A đi　B mua　C cà phê.

단어 **tớ** 떠 친한 친구 사이에서 1인칭 | **bài tập** 바이 떱 숙제 | **cháu** 짜우 손자, 조카 | **nấu ăn** 너우 안 요리하다 | **du lịch** 주(유) 릭 여행하다 | **rồi** 조이(로이) 문장 끝에 쓰여 완료를 나타냄 | **sữa** 쓰어 우유 | **cơm** 껌 밥 | **nhé** 녜 문장 끝에 쓰여 가벼운 명령, 청유, 친밀함을 나타냄 | **về** 베 돌아가다 | **trà** 짜 [음료] 차 | **mua** 무어 사다

Track05-4

★ 끝자음

베트남어의 끝자음(받침)은 총 8개입니다. 첫 자음으로 쓰일 때와 다르게 발음되는 끝자음이 있으니 주의해야 합니다.

-m	-n	-ng
-c	-p	-t
-nh	-ch	

-nh가 a와 결합할 때 북부 지역에서는 '아잉', 남부 지역에서는 '안'으로 읽습니다.

-ch가 a와 결합할 때 북부 지역에서는 '아익', 남부 지역에서는 '악'으로 읽습니다.

● 다음을 큰 소리로 따라 읽어 보세요.

-m, -n, -ng

khám 캄 진찰하다
quen 꾸앤 익숙하다
nóng 농 덥다

-c, -p, -t

bạc 박 은
lặp 랍 반복하다
rất 젓(럿) 매우, 아주

-nh, -ch

bệnh 벵 병
xanh 싸잉(싼) 푸르다
ếch 엑 개구리
khách 카익(칵) 손님

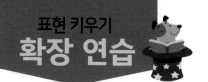

표현 키우기
확장 연습

Track05-5

➕ 제시된 표현을 자연스럽게 따라 읽으며 베트남어의 문장 구조를 익혀 보세요.

1

bơi

Tôi sẽ bơi.

 교체해 보세요

- mua sắm 무어 쌈 쇼핑하다
- chơi bóng đá 쩌이 봉 다 축구를 하다
- đi du lịch 디 주(유) 릭 여행 가다

2

uống cà phê

Tôi thích uống cà phê.

 교체해 보세요

- hát 핫 노래하다
- dọn dẹp 존(욘) 잽(얩) 청소하다
- đi xe đạp 디 쌔 답 자전거를 타다

💬 다음 문장을 베트남어로 말해 보세요.

- 내일 나는 축구를 할 거야. ⇨ _____
- 나는 청소하는 것을 좋아해. ⇨ _____

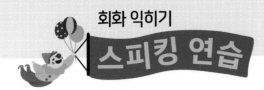

 다음 그림을 보고, 〈보기〉를 참고하여 말해 보세요.

보기

Chị muốn làm gì?
누나(언니)는 뭐 하고 싶어요?

➜ Chị muốn xem phim.
나는 영화를 보고 싶어.

xem phim 영화를 보다

 ❶

nấu ăn 요리하다

Bạn muốn làm gì?

⇢ Mình muốn _____ .

❷

thăm bạn bè 친구를 만나다

Anh muốn làm gì?

⇢ Anh muốn _____ .

❸

nuôi con mèo 고양이를 기르다

Em muốn làm gì?

⇢ Em muốn _____ .

❹

chơi game 게임하다

Cậu muốn làm gì?

⇢ Tớ muốn _____ .

82

1 녹음을 들으며 발음을 연습해 보세요.

Track05-7

giúp đỡ	đại học	cấp cứu	xuất khẩu
thành công	triển lãm	quyển sách	chuẩn bị
đi sân bay	nhà hàng này	thỉnh thoảng hỏi	
có ý kiến	đại học luật	vĩnh viễn	

2 녹음을 듣고 빈칸에 알맞은 발음을 쓰세요.

Track05-8

① chá ☐   ② đắ ☐   ③ qu ☐

④ l ☐   ⑤ cá ☐   ⑥ khô ☐

3 다음 〈보기〉 중에서 빈칸에 들어갈 알맞은 단어를 고르세요.

보기   mai   đã   ăn

① Chú _____ đi đâu ạ?

② Trưa _____ mình sẽ đi khu vui chơi.

③ Em có muốn đi _____ bánh mì không?

4 서로 대화가 이어지도록 알맞게 연결하세요.

❶ Ngày mai bạn sẽ làm gì?   •

  • A   Em muốn đi mua sắm.

❷ Chiều nay em muốn làm gì?   •

  • B   Chị không thích lắm.

❸ Chị có thích uống trà không?   •

  • C   Mình sẽ đi thăm bạn bè.

5 그림을 보고 대화를 완성하세요.

 ❶

A   Hôm qua em đã làm gì?

B _____

❷

A   Thu thích làm gì?

B _____

단어   **chú** 쭈 작은아버지, 삼촌, 아저씨 ㅣ **khu vui chơi** 쿠 부이 쩌이 놀이동산 ㅣ **bánh mì** 바잉(반) 미 반미[베트남식 샌드위치]
ㅣ **trà** 짜 [음료] 차 ㅣ **thăm** 탐 방문하다 ㅣ **bạn bè** 반 배 친구 ㅣ **đi** 디 가다, (교통수단을) 타다 ㅣ **xe đạp** 쌔 답 자전거

84

베트남과 한국의 관계

우리나라와 베트남의 관계는 1956년 수교로 시작되었으며, 1975년 사이공 함락으로 단교하였으나, 1992년에 다시 수교하여 활발하게 관계를 유지하고 있습니다.

1980년대 후반 이후, 베트남 정부가 사회주의에 입각한 경제 정책을 자본주의 기반 정책으로 과감하게 전환하여 크게 발전하고 있는데, 특히 아시아에서 커다란 발전을 이룩해 낸 우리나라를 모델로 삼고 있습니다. 이 때문에 우리나라와 베트남은 경제 파트너를 넘어 외교, 안보 등 여러 분야에서 서로 협력하는 '21세기 포괄적 동반자 관계'입니다.

우리에게 베트남은 미국, 중국, 일본 다음의 4대 교역국이며 불안정한 중국을 대체할 생산 전초기지입니다. 우리나라는 베트남의 최대 교역국으로(2018년 기준), 베트남 GDP의 20% 이상을 한국 기업이 차지하고, 한국 기업 생산량이 베트남 전체 수출액의 35%를 차지하는 등 양국은 밀접한 경제 공동체가 되었습니다. 또한 2019년 기준 우리나라 사람들이 제일 많이 가는 관광지는 베트남이며, 삼성전자 등 우리나라 기업이 베트남의 산업화와 고도화를 이끌고 있습니다.

BÀI

06

Ôn tập

복습

────── 학습 목표 ──────

복습 1~5과의 주요 학습 내용을 복습할 수 있다

단어 체크

1★다음 단어의 뜻을 쓰세요.

① anh ⇢ _____ ② bạn ⇢ _____

③ không ⇢ _____ ④ khỏe ⇢ _____

⑤ cũng ⇢ _____ ⑥ lắm ⇢ _____

⑦ học ⇢ _____ ⑧ tiếng Việt ⇢ _____

⑨ thú vị ⇢ _____ ⑩ đi ⇢ _____

⑪ thư viện ⇢ _____ ⑫ sống ⇢ _____

⑬ hôm qua ⇢ _____ ⑭ thích ⇢ _____

⑮ muốn ⇢ _____ ⑯ ăn ⇢ _____

2★다음 뜻에 알맞은 베트남어를 쓰세요.

① 약속하다

⇢ _____

② [지시사] 무엇, 무슨, 어떤

⇢ _____

③ 친구 사이에서 1인칭, 나

⇢ _____

④ 피곤하다

⇢ _____

⑤ 어렵다

⇢ _____

⑥ [의문사] 어때요?

⇢ _____

⑦ [전치사] ~에서, [동사] ~에 있다

⇢ _____

⑧ [지시사] 저

⇢ _____

⑨ 보다, 시청하다

⇢ _____

⑩ 수영하다

⇢ _____

1 베트남어의 인칭

1인칭	2인칭	3인칭
tôi em mình tớ	anh 형, 오빠 chị 누나, 언니 em 동생, 학생 bạn 친구 ông 할아버지 bà 할머니	anh ấy 그 형(오빠) chị ấy 그 누나(언니) em ấy 그 동생, 그 학생 bạn ấy 그 친구 ông ấy 그 할아버지 bà ấy 그 할머니

2 형용사술어문

긍정문	주어 + 형용사	Tôi bận.	나는 바쁘다.

부정문	주어 + không + 형용사	Tôi không bận.	나는 바쁘지 않다.

의문문	주어 + (có) + 형용사 + không?	Bạn (có) bận không?	너는 바쁘니?

3 정도부사

피수식어 + **quá, lắm**
매우, 아주, 무척

rất, khá, hơi
매우 꽤 약간 + 피수식어

4 동사술어문

긍정문	주어 + 동사 + 목적어	Tôi xem phim.	나는 영화를 본다.

부정문	주어 + không + 동사 + 목적어	Tôi không xem phim.	나는 영화를 보지 않는다.

의문문	주어 + (có) + 동사 + 목적어 + không?

Bạn (có) xem phim không?　너는 영화를 보니?

5 의문사

① 의문사 gì : '무엇', '무슨', '어떤'이라는 뜻으로 의문대명사와 의문형용사 역할을 합니다.

② 의문사 đâu : 장소를 묻는 의문사로 '어디'라는 뜻입니다. đi(가다), ở(~에서, ~에 있다) 같은 동사와 자주 결합하여 쓰입니다.

6 지시사

지시형용사		지시대명사(사람, 사물, 장소)	
này	이	đây	이 사람, 이것, 여기
kia	저	kia	저 사람, 저것, 저기
ấy, đó, đấy	그	đó, đấy	그 사람, 그것, 거기

7 시제사

과거	현재	미래
đã ~했다	đang ~하고 있다	sẽ ~할 것이다

8 「동사+동사」 구조

긍정문 주어 + 동사 + 동사 + 목적어

Mình thích <u>xem</u> phim.　　　나는 영화 보는 것을 좋아한다.

부정문 주어 + không + 동사 + 동사 + 목적어

Mình không <u>thích</u> xem phim.　나는 영화 보는 것을 좋아하지 않는다.

1 녹음을 듣고 알맞은 단어를 쓰세요.

Track06-1

❶ _____   ❷ _____

❸ _____   ❹ _____

2 녹음을 듣고 질문에 답하세요.

Track06-2

❶ _____

❷ _____

❸ _____

❹ _____

3 녹음을 듣고 질문에 알맞은 대답을 고르세요.

Track06-3

❶ Nam thế nào?

  A khỏe   B bận   C bình thường

❷ Minh học tiếng gì?

  A tiếng Việt   B tiếng Hàn   C tiếng Anh

❸ Linh đang sống ở đâu?

  A Hà Nội   B Seoul   C thành phố Hồ Chí Minh

❹ Chiều nay, Thu sẽ làm gì?

  A uống cà phê   B về nhà   C đi thư viện

단어 thành phố Hồ Chí Minh 타잉(탄) 포 호 찌 밍 호찌민 시

1 다음 빈칸에 들어갈 알맞은 단어를 고르세요.

❶ Minh có bận _____?

A gì   B không   C nào

❷ Phở ngon _____.

A rất   B hơi   C lắm

❸ Nhà sách ở _____?

A gì   B nào   C đâu

❹ Ngày mai tôi _____ thăm bạn bè.

A đã   B đang   C sẽ

2 다음 중 맞는 문장에는 O, 틀린 문장에는 X를 표시한 후, 틀린 문장은 바르게 고치세요.

❶ Lan có không vui?   ☐

⇢ _____

❷ Tiếng Anh thú vị lắm.   ☐

⇢ _____

❸ Phòng vệ sinh đằng ở kia.   ☐

⇢ _____

❹ Tôi thích rất ăn bánh kem.   ☐

⇢ _____

1 다음 글을 읽고 질문에 답하세요.

Track06-4

> Hiện nay, Mina đang học tiếng Việt. Tiếng Việt khó nhưng rất thú vị. Chiều nay Mina sẽ đi học ở trung tâm ngoại ngữ. Trung tâm ngoại ngữ hơi xa nhà của Mina. Mina rất thích học tiếng Việt. Mina muốn đi Việt Nam để thực tập tiếng Việt.

❶ Hiện nay, Mina học gì? ⇢ _____

❷ Theo Mina tiếng Việt thế nào? ⇢ _____

❸ Mina học tiếng Việt ở đâu? ⇢ _____

❹ Mina có thích học tiếng Việt không? ⇢ _____

❺ Mina muốn làm gì? ⇢ _____

2 다음 질문에 답하세요.

❶ Hiện nay, bạn học gì? ⇢ _____

❷ Theo bạn, tiếng Việt thế nào? ⇢ _____

❸ Bạn học tiếng Việt ở đâu? ⇢ _____

❹ Bạn có thích học tiếng Việt không? ⇢ _____

❺ Bạn muốn làm gì? ⇢ _____

단어 hiện nay 히엔 나이 요즘에, 최근에 | nhưng 니응 그러나, 하지만 | trung tâm ngoại ngữ 쭝 떰 응오아이 응으 외국어 학원 | để 데 ~하기 위해서 | thực tập 특 떱 연수하다, 실습하다 | theo 태오 ~에 따르면

1 다음 대답에 맞는 질문을 쓰세요.

① A _____ ? 오빠(형)는 잘 지내나요?

B Cám ơn em, anh cũng khỏe. 고마워, 동생. 나도 잘 지내.

② A _____ ? 누나(언니)는 한국어를 공부하나요?

B Có, chị học tiếng Hàn. 응, 나는 한국어를 공부해.

③ A _____ ? 친구의 고향은 어디야?

B Quê mình ở Busan. 내 고향은 부산이야.

④ A _____ ? 오늘 저녁에 형(오빠)은 뭐해요?

B Anh sẽ đi uống cà phê ở quán cà phê. 나는 커피숍에 커피를 마시러 갈 거야.

⑤ A _____ ? 아주머니는 영화를 보고 싶으세요?

B Có, bác muốn xem phim. 응, 나는 영화를 보고 싶단다.

2 빈칸에 알맞은 단어를 넣어 대화를 완성하세요.

A Chào _____ ! Dạo này anh có _____ không?

B Cám ơn _____ . Anh bình thường. _____ em?

A Em _____ bình thường. Anh học _____ ở đây?

B Anh _____ tiếng Việt. Tiếng Việt rất khó nhưng _____ lắm.

A Thế à? Em cũng sẽ học _____ .

단어 quán cà phê 꾸안 까 페 커피숍 ㅣ dạo này 자오(야오) 나이 요즘에, 최근에 ㅣ đây 더이 여기, 이곳 ㅣ thế 테 그렇다,
그러하다 ㅣ à 아 문장 끝에 쓰여 의문문을 만듦

07

Tôi tên là Ho-jin.

내 이름은 호진이에요.

학습 목표

회화 이름과 국적을 묻고 답할 수 있다

문법 là 문장 / 의문사 nào / 기본 접속사

단어 국가

회화 ★1

☐ ☐	tên	뗀	이름
☐ ☐	là	라	~이다
☐ ☐	phải	파이	옳다, 맞다

회화 ★2

☐ ☐	người	응으어이	사람
☐ ☐	nước	느억	나라
☐ ☐	nào	나오	[의문사] 어느, 어떤
☐ ☐	Hàn Quốc	한 꾸옥	한국
☐ ☐	Việt Nam	비엣 남	베트남
☐ ☐	vâng	벙	[대답] 네
☐ ☐	và	바	[접속사] ~와/과, 그리고
☐ ☐	làm việc	람 비엑	일하다
☐ ☐	Đà Nẵng	다 낭	[지명] 다낭

Track07-2

Chào anh. Xin lỗi, anh tên là gì?

Tôi tên là Ho-jin.❶
Còn❸ chị tên là Phương, phải không?

Không phải. Tên tôi là Hương.

이름 말하기

이름을 말할 때는 '이름'이라는 단어 tên과 호칭의 어순을 바꿀 수 있습니다. 예를 들어 tên anh 처럼 「tên+호칭」의 어순도 가능하고, anh tên처럼 「호칭+tên」의 어순도 가능합니다.

회화 ★ 2 국적을 물을 때

Anh là người nước nào?②

Tôi là người Hàn Quốc.

Còn chị là người Việt Nam, phải không?

Vâng. Tôi là người Việt Nam.

Tôi sống và③ làm việc ở Đà Nẵng.

베트남 속 으로!

베트남 사람의 이름은 길어요!

베트남 사람의 이름은 주로 세 글자 혹은 네 글자로 이루어져 있어요. 제일 앞 글자는 성(姓)이고, 두 번째 글자는 가운데 이름으로 văn일 경우에는 남성, thị 일 경우에는 여성을 나타내지요. 서로 이름을 부를 때는 마지막 한두 글자만 쓰고, 공식적인 상황에만 전체 이름을 사용해요.

Nguyễn Văn Hải

1 là 문장

동사 là는 영어의 be동사에 해당하며 '~이다'라는 뜻입니다. 하지만 영어와는 다르게 수나 시제에 따라 형태가 변하지 않습니다.

긍정문

$$A + là + B$$

Tôi là Minh.   나는 밍(Minh)입니다.
Đây là bánh mì.   이것은 반미입니다.

부정문

$$A + không phải là + B$$

Tôi không phải là Minh.   나는 밍(Minh)이 아닙니다.
Đây không phải là bánh mì.   이것은 반미가 아닙니다.

의문문

$$A + là + B phải không?$$

Anh là Minh phải không?   당신은 밍(Minh)인가요?
Đây là bánh mì phải không?   이것은 반미인가요?

의문문의 대답은 긍정일 때는 phải, 부정일 때는 không phải로 합니다.

TIP

là 문장의 의문문은 다음과 같이 변형된 형식도 있습니다.

$$A + có phải là + B không?$$ $$Có phải A + là + B không?$$

Anh có phải là Minh không?   당신은 밍(Minh)인가요?
= Có phải anh là Minh không?

☑ **바로바로 체크**   다음 là 문장의 부정문과 의문문을 쓰세요.

① Bạn ấy là người Việt Nam.   ⇢ (부정문) _____

                                       ⇢ (의문문) _____

② Đây là Linh.   ⇢ (부정문) _____

                                       ⇢ (의문문) _____

2 의문사 nào

＊의문사 gì ▶ 54쪽

nào는 '어느', '어떤'이라는 뜻으로 gì와 용법이 비슷합니다. 하지만 gì는 단독으로 쓰일 수도 있고 명사와 함께 쓰일 수도 있지만, nào는 반드시 「명사+nào」 형식으로 사용해야 합니다.

Anh thích <u>cà phê</u> nào?　　　　형(오빠)은 어떤 커피를 좋아해요?

Chị sẽ đi <u>chuyến</u> nào?　　　　언니(누나)는 어느 차편으로 갈 거예요?

☑️ 바로바로 **체크**　　다음 중 nào가 들어갈 알맞은 위치를 고르세요.

① Em muốn　A mua　B sách　C ?

② Bạn thích　A ăn　B phở　C ?

---

3 기본 접속사

단어와 단어, 구와 구, 절과 절, 문장과 문장을 연결하는 기본 접속사는 다음과 같습니다.

화제 전환	열거	역접
còn 그러면, 그러나, 그런데	và ~와/과, 그리고	nhưng 그러나, 하지만

Mình thích ăn phở. Còn bạn?　　나는 쌀국수 먹는 것을 좋아해. 너는?

Tôi muốn uống cà phê và trà.　　나는 커피와 차를 마시고 싶어.

Chị Hoa đẹp nhưng khó tính.　　호아(Hoa) 언니(누나)는 예쁘지만 성격이 까다로워.

☑️ 바로바로 **체크**　　다음 중 빈칸에 들어갈 알맞은 접속사를 고르세요.

còn　　　và　　　nhưng

① Em thích cà phê _____ bánh kem.

② Chị mệt quá. _____ em?

③ Tiếng Việt khó _____ rất thú vị.

단어　đây 더이 이것 ｜ chuyến 쭈이엔 차편 ｜ mua 무어 사다 ｜ sách 싸익(싹) 책 ｜ đẹp 댑 아름답다 ｜ khó tính 코 띵 성격이 까다로운

➕ 제시된 표현을 자연스럽게 따라 읽으며 베트남어 문장을 익혀 보세요.

1

Bạn là người Hàn Quốc phải không?
Vâng. Tôi là người Hàn Quốc.

Bạn là người Việt Nam phải không?
Không phải. Tôi không phải là người Việt Nam.

2

Hà Nội có phải là thủ đô của Việt Nam không?
Vâng. Hà Nội là thủ đô của Việt Nam.

Đây có phải là bánh mì không?
Không phải. Đây không phải là bánh mì.

· thủ đô 투 도 수도 | của 꾸어 ~의

💬 다음 문장을 베트남어로 말해 보세요.

· 당신은 미국(Mỹ) 사람인가요?   ⇢ _____

· 이것은 소고기 쌀국수(phở bò)입니다.   ⇢ _____

➕ 다음 그림을 보고, 〈보기〉를 참고하여 말해 보세요.

보기

Tôi tên là Sơn.
내 이름은 썬이에요.

Tôi là người Việt Nam.
나는 베트남 사람이에요.

Sơn 썬 | Việt Nam 베트남

Min-ho 민호 | Hàn Quốc 한국

Tôi _____.

Tôi _____.

②

Anna 안나 | Pháp 프랑스

Chị ấy _____.

Chị ấy _____.

---

③

Mike 마이크 | Mỹ 미국

Anh ấy _____.

Anh ấy _____.

④

Ling 링 | Trung Quốc 중국

Em ấy _____.

Em ấy _____.

1 녹음을 듣고 질문에 답하세요.

Track07-6

① _____

② _____

③ _____

2 다음 글을 읽고 질문에 답하세요.

Track07-7

> Xin tự giới thiệu. Tôi tên là Tài. Tôi là người Việt Nam.
> Tôi sống và làm việc ở Hà Nội.

① Tài là người nước nào?

⇢ _____

② Tài sống và làm việc ở đâu?

⇢ _____

3 〈보기〉를 참고하여 의문문을 만드세요.

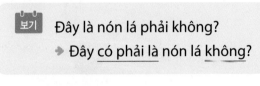

보기   Đây là nón lá phải không?
     ➡ Đây có phải là nón lá không?

① Bạn là người Đức phải không?   ⇢ _____

② Kia là anh Minh phải không?   ⇢ _____

③ Đây là áo dài phải không?   ⇢ _____

4 제시된 단어를 배열하여 문장을 만드세요.

① ở   anh   ăn cơm   nào   nhà hàng

⇢ _____ ?

오빠(형)는 어느 식당에서 밥을 먹나요?

② cô ấy   người   phải là   có   Nga   không

⇢ _____ ?

그 아가씨는 러시아 사람인가요?

③ chị   sống   làm việc   Hà Nội   ở   và

⇢ _____ .

언니(누나)는 하노이에서 살고 일해.

5 다음 〈보기〉 중에서 빈칸에 들어갈 알맞은 단어를 고르세요.(중복 선택 가능)

| 보기 | gì | nào |

① Em thích học _____ ?

② Bạn thích xem phim _____ ?

③ Anh muốn ăn _____ ?

단어 tự 뜨 스스로 | giới thiệu 져이(여이) 티에우 소개하다 | nón lá 논 라 베트남 전통 모자 | Đức 득 독일 |
cơm 껌 밥 | nhà hàng 냐 항 레스토랑, (고급) 식당 | Nga 응아 러시아

Track07-8

Hàn Quốc
한 꾸옥
한국

Việt Nam
비엣 남
베트남

Trung Quốc
쭝 꾸옥
중국

Nhật Bản
녓 반
일본

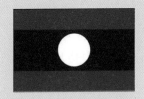

Lào
라오
라오스

Campuchia
깜뿌찌아
캄보디아

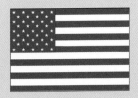

Mỹ
미
미국

Anh
아잉(안)
영국

Pháp
팝
프랑스

Đức
득
독일

Tây Ban Nha
떠이 반 냐
스페인

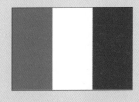

Ý
이
이탈리아

베트남 사람의 이름

베트남 사람의 이름은 성(họ), 가운데 이름(tên đệm), 이름(tên)으로 이루어져 있으며 우리나라처럼 이름에 한자어를 쓰는 경우가 많습니다. 특히 성씨는 중국의 영향으로 외자 한자에서 비롯된 경우가 대부분입니다. 베트남에서 가장 많은 성씨는 Nguyễn으로 전체 인구 중 약 39%를 차지합니다. 그다음으로 Trần이 약 11%, Lê가 약 9.5%를 차지합니다. 가운데 이름은 한자 문화권에서 독특한 특징을 보여 주는데, 주로 남성과 여성이 서로 다른 단어를 사용하여 성별을 가늠할 수 있습니다. 하지만 시간이 지나면서 가운데 이름을 다양한 단어로 사용해서 이런 특징은 점차 옅어지고 있지요. 마지막 한두 글자로 이루어진 이름은 여성의 경우 아름다움을 나타내는 형용사나 꽃의 이름을 주로 사용하고, 남성의 경우 부모가 자녀에게 바라는 덕목이나 품성을 반영하는 이름을 붙입니다. 실생활에서는 마지막 한두 글자 이름(tên)을 부르며 성씨로 서로 호칭하는 경우는 매우 드뭅니다. 공식적인 행사에서는 이름 앞에 직함이나 경칭을 붙여서 호칭하는 것이 일반적이고, 문서나 공식적으로 이름을 기재할 때만 전체 성과 이름을 다 사용합니다.

Gia đình anh có mấy người?

당신의 가족은 몇 명인가요?

─────── 학습 목표 ───────

회화 가족과 직업에 대해 묻고 답할 수 있다

문법 숫자 표현(1) / 의문사 mấy / 가족 명칭 / còn의 용법

단어 직업

회화 ★ 1

☐☐	**gia đình**	쟈(야) 딩	가족
☐☐	**mấy**	머이	[의문사] 몇
☐☐	**bố**	보	[가족] 아버지, 아빠
☐☐	**mẹ**	매	[가족] 어머니, 엄마
☐☐	**chị gái**	찌 가이	[가족] 누나, 언니
☐☐	**hai**	하이	[숫자] 2, 둘
☐☐	**anh trai**	아잉(안) 짜이	[가족] 형, 오빠
☐☐	**con út**	꼰 웃	[가족] 막내
☐☐	**trong**	쫑	[전치사] ~중에, ~안에

회화 ★ 2

☐☐	**nghề**	응에	직업
☐☐	**nhân viên**	년 비엔	직원, 사원
☐☐	**công ty**	꽁 띠	회사
☐☐	**anh trai cả**	아잉(안) 짜이 까	[가족] 큰형, 큰오빠
☐☐	**giáo viên**	쟈오(야오) 비엔	선생님
☐☐	**dạy**	자이(야이)	가르치다
☐☐	**toán**	또안	수학
☐☐	**thứ hai**	트 하이	[수사] 두 번째
☐☐	**sinh viên**	씽 비엔	대학생

Track08-2

회화★1 가족 소개하기

Lan

Gia đình anh có mấy❷ người?

Ho-jin

Gia đình anh có 4❶ người:

bố, mẹ, chị gái và anh.❸

Lan

Gia đình em có 5 người:

bố, mẹ, hai anh trai và em.

Em là con út trong gia đình.

직업을 묻는 표현

직업을 물어볼 때는 동사 làm을 사용합니다.

㉠ Bạn làm nghề gì? 당신은 무슨 일을 하나요?

Bạn làm gì?   당신은 무엇을 하나요?

회화★2 직업 말하기

Lan

Chị gái anh làm nghề gì?

Ho-jin

Chị gái anh là nhân viên công ty.

Còn④ hai anh trai em làm gì?

Lan

Anh trai cả là giáo viên dạy toán.

Anh trai thứ hai còn④ là sinh viên.

베트남 **속** 으로!

형제자매의 서열은 이렇게 말해요!

베트남에서 형제 자매의 서열은 북부와 중남부 지역에서 다르게 표현해요. 북부 지역에서는 「anh cả(장남), chị cả(장녀) – anh thứ hai(차남), chị thứ hai(차녀) – anh thứ ba(삼남), chị thứ ba(삼녀)」 등으로 표현하는데, 중남부 지역에서는 장남, 장녀를 말할 때 숫자 2인 hai부터 사용하여 「anh hai(장남), chị hai(장녀) – anh ba(차남), chị ba(차녀) – anh tư(삼남), chị tư(삼녀)」 등으로 표현해요. 지역별로 표현 방법이 다르니 헷갈리지 않도록 주의하세요.

실력 다지기 문법

1 숫자 표현(1)

＊ 숫자 표현(2) ▶ 122쪽

1	2	3	4	5
một	hai	ba	bốn	năm
6	7	8	9	10
sáu	bảy / bẩy	tám	chín	mười
11	12	13	14	15
mười một	mười hai	mười ba	mười bốn	mười lăm

＊15부터는 năm이 lăm으로 바뀝니다.

> ☑ 바로바로 체크   다음 베트남어 숫자를 아라비아 숫자로 쓰세요.
>
> ① bẩy ⇢ _____   ② sáu ⇢ _____   ③ tám ⇢ _____
>
> ④ chín ⇢ _____   ⑤ hai ⇢ _____   ⑥ mười ⇢ _____

2 의문사 mấy

수나 양을 물어볼 때는 의문사 mấy(몇)와 bao nhiêu(얼마나)를 사용합니다. mấy는 10 이하의 숫자, bao nhiêu는 10 이상의 숫자를 물어보는 데 사용됩니다.

Nhóm chị có mấy người?   언니(누나)의 그룹에는 몇 명의 사람이 있어요?

Công ty anh có bao nhiêu nhân viên?   오빠(형)의 회사에는 몇 명의 직원이 있어요?

대답할 때는 해당 숫자를 mấy, bao nhiêu 자리에 쓰면 됩니다.

Nhóm chị có 5 người.   언니(누나)의 그룹에는 5명이 있어.

Công ty anh có 13 nhân viên.   오빠(형)의 회사에는 13명의 직원이 있어.

어떤 집단이나 단체의 인원수를 말할 때는 「집단/단체+có+숫자+사람을 나타내는 명사」 형식을 사용합니다.

> ☑ 바로바로 체크   다음 문장의 의문문을 쓰세요.
>
> ① Lớp mình có 12 học sinh.   ⇢ _____
>
> ② Gia đình tôi có 4 người.   ⇢ _____

110

3 가족 명칭

ông	할아버지	bà	할머니
bố / ba	아버지, 아빠	mẹ / má	어머니, 엄마
anh trai	형, 오빠	chị gái	누나, 언니
em trai	남동생	em gái	여동생
bố mẹ	부모님	anh chị em	형제자매
con trai	아들	con gái	딸
chồng	남편	vợ	아내

4 còn의 용법

còn은 접속사 외에 부사로도 사용됩니다.

품사	접속사	부사
위치	절–절, 문장–문장 사이	서술어 앞
뜻	그러면, 그러나, 그런데	아직

Mình đã ăn cơm rồi. Còn bạn?   나는 이미 밥을 먹었어. 너는?

Em trai tôi còn nhỏ.   내 남동생은 아직 어려.

☑ **바로바로 체크**   다음 중 〈보기〉의 밑줄 친 còn의 쓰임과 같은 문장을 고르세요.

| 보기 | Em Linh còn ngủ.

① Chị gái tôi còn là sinh viên.

② Bố tôi là bác sĩ còn mẹ tôi là y tá.

③ Tôi muốn xem phim, còn bạn?

단어 nhóm 뇸 그룹, 팀 | lớp 럽 반, 수업 | học sinh 혹 씽 학생 | nhỏ 뇨 작다, 어리다 | ngủ 응우 잠자다 |
sinh viên 씽 비엔 대학생 | bác sĩ 박 씨 의사 | y tá 이 따 간호사

Track08-4

⊕ 제시된 표현을 자연스럽게 따라 읽으며 베트남어 문장을 익혀 보세요.

1

Gia đình bạn có mấy người?
Gia đình tôi có 4 người.

Bạn là con thứ mấy trong gia đình?
Tôi là con cả trong gia đình.

· thứ mấy 트 머이 몇 번째 | con cả 꼰 까 맏이, 첫째 (자식)

2

Bạn làm nghề gì?
Tôi là nhân viên ngân hàng.

Bạn làm việc ở đâu?
Tôi làm việc ở ngân hàng.

· nhân viên ngân hàng 년 비엔 응언 항 은행원 | làm việc 람 비엑 일하다 | ngân hàng 응언 항 은행

💬 다음 문장을 베트남어로 말해 보세요.

· 나는 가족 중에 막내(con út)예요.　　⇨ _____

· 나는 여행사(công ty du lịch)에서 일해요.　⇨ _____

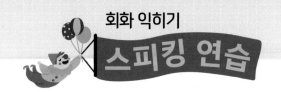

Track08-5

➕ 다음 그림을 보고, 〈보기〉를 참고하여 말해 보세요.

보기	
	**Đây là em gái tôi.** 이 사람은 내 여동생이에요. **Em ấy là kỹ sư.** 그녀는 기술자예요.

em gái 여동생 ㅣ kỹ sư 기술자

❶

anh trai 형, 오빠 ㅣ giám đốc 사장

Đây là _____ .

Anh ấy là _____ .

❷

bố 아버지 ㅣ công an 경찰

Đây là _____ .

Bố tôi là _____ .

❸

chị gái 누나, 언니 ㅣ y tá 간호사

Đây là _____ .

Chị ấy là _____ .

❹

bạn trai 남자 친구 ㅣ luật sư 변호사

Đây là _____ .

Anh ấy là _____ .

1 녹음을 듣고 질문에 답하세요.

Track08-6

① _____

② _____

③ _____

2 다음 글을 읽고 질문에 답하세요.

Track08-7

> Tôi là Lan. Gia đình tôi có năm người: bố, mẹ, hai anh trai và tôi. Tôi là con út trong gia đình. Bố tôi là kỹ sư. Mẹ tôi là nội trợ. Anh trai thứ hai và tôi đều là sinh viên của trường đại học kinh tế. Gia đình tôi không giàu nhưng sống rất hạnh phúc.

① Gia đình của Lan có mấy người? Có những ai?

⋯⋯> _____

② Bố mẹ Lan làm nghề gì?

⋯⋯> _____

③ Anh trai thứ hai Lan và Lan đều là sinh viên, phải không?

⋯⋯> _____

④ Gia đình Lan sống có hạnh phúc không?

⋯⋯> _____

단어 nội trợ 노이 쩌 가정주부 | đều 데우 모두 | trường đại học 쯔엉 다이 혹 대학교 | kinh tế 낑 떼 경제 | giàu 자우(야우) 부유한 | hạnh phúc 하잉(한) 푹 행복하다 | những 니응 [복수] ~들 | ai 아이 [의문사] 누구

3 제시된 단어를 배열하여 문장을 만드세요.

① anh chị em   bạn   mấy   có

⇢ _____?

너는 몇 명의 형제자매가 있니?

② trong   gia đình   là   con cả   tôi

⇢ _____.

나는 가족 중에 첫째이다.

③ chị gái cả   giáo viên   là   tiếng Anh   dạy

⇢ _____.

큰언니는 영어를 가르치는 선생님이다.

4 다음 〈보기〉 중에서 빈칸에 들어갈 알맞은 단어를 고르세요.

보기	nghề còn trong

① Em trai tôi _____ học ở trường cấp 3.

② Bạn làm _____ gì?

③ Mình là con út _____ gia đình.

단어 **anh chị em** 아잉(안) 찌 앰 형제자매 | **chị gái cả** 찌 가이 까 큰언니 | **trường cấp** 3 쯔엉 껍 바 고등학교

직업

giáo viên
쟈오(야오) 비엔
선생님

tài xế
따이 쎄
운전기사

cảnh sát / công an
까잉(깐) 쌋 / 꽁 안
경찰

ca sĩ
까 씨
가수

vận động viên
번 동 비엔
운동선수

nhà thiết kế
냐 티엣 께
디자이너

nhà khoa học
냐 코아 혹
과학자

tiếp viên hàng không
띠엡 비엔 항 콩
스튜어디스

đầu bếp
더우 벱
요리사

베트남의 가족 문화

요즘 주변에서 한국-베트남 다문화 가정을 보는 일이 별로 어렵지 않습니다. 한-베 다문화 가정이 잘 정착하기 위해서는 서로의 가족 문화를 이해하는 것이 중요합니다. 베트남의 가족 문화는 우리나라와 유사한 점이 참 많습니다. 우선 유교 문화의 영향권에 있었기에 대가족 중심의 생활과 효를 중시하는 문화가 같습니다. 베트남은 3대가 함께 사는 것을 기본으로 생각하고 인자한 부모와 효도하는 자녀를 이상적인 가족상으로 여깁니다. 또한 효를 중요하게 생각하기 때문에 집안에 조상을 모시는 제단을 두고 자주 예를 표하기도 합니다.

우리와 가장 큰 차이점이 있다면, 베트남은 모계 중심의 사회라는 점입니다. 베트남이 모계 사회가 된 데에는 여러 가지 설이 있습니다. 중국에 대항해서 처음으로 봉기를 일으킨 쯩 자매(Hai Bà Trưng)같이 역사적으로 여성이 우위에 있었다는 설과 베트남 전쟁으로 많은 남성들이 희생되었기 때문에 어쩔 수 없이 여성들이 가정을 이끌기 시작했다는 설이 있습니다.

09

Bây giờ là mấy giờ?

지금은 몇 시인가요?

학습 목표

회화 시간을 묻고 답할 수 있다

문법 숫자 표현(2) / 시간 표현 / 접속사 hoặc

단어 하루 일과

Track09-1

회화★1

☐☐	bây giờ	버이 져(여)	지금
☐☐	giờ	져(여)	시
☐☐	rồi	조이(로이)	문장 끝에 쓰여 완료를 나타냄
☐☐	rưỡi	즈어이(르어이)	반, 절반
☐☐	thường	트엉	[부사] 주로, 자주, 보통
☐☐	từ ~ đến ~	뜨 ~ 덴 ~	[전치사] ~부터 ~까지

회화★2

☐☐	thức dậy	특 저이(여이)	기상하다, 일어나다
☐☐	lúc	룩	[전치사] ~(시각)에
☐☐	buổi	부오이	아침, 점심, 오후, 저녁 앞에 붙는 단어
☐☐	tập thể dục	떱 테 죽(육)	운동하다
☐☐	đọc sách	독 싸익(싹)	독서하다
☐☐	hoặc	호악	[접속사] 또는, 혹은
☐☐	xem tivi	쌤 띠비	TV를 보다

참 쉬운 **회화**

회화★1 시간 묻기

Hương Bây giờ là mấy giờ rồi?

Tài 10 giờ rưỡi rồi.❶❷

Hương Anh thường làm việc từ mấy giờ

đến mấy giờ?

Tài Từ 9 giờ sáng đến 5 giờ chiều.

쏙쏙 **Tip**

「từ A đến B」구문

'A부터 B까지'라는 뜻의 전치사 구문으로 시간이나 장소에 모두 사용할 수 있습니다.

예 từ 1 giờ đến 3 giờ   1시부터 3시까지

từ công ty đến nhà   회사에서 집까지

Track09-3

회화 · 2 하루 일과 말하기

Lan

Anh thường thức dậy lúc mấy giờ?

Ho-jin

Lúc 6 giờ sáng.

Buổi sáng anh thường tập thể dục.

Buổi tối em thường làm gì?

Lan

Em thường đọc sách hoặc[3] xem tivi.

베트남 속 으로!

베트남은 하루가 일찍 시작돼요!

열대 기후 지역에 위치한 베트남은 날씨가 더워요. 특히 베트남 남부는 일년 내내 여름이지요. 그래서 하루 일과가 우리보다 한두 시간 가량 일찍 시작되고, 해가 가장 뜨거울 때인 12시에서 2시 사이에 점심 식사를 마친 베트남 사람들은 오후에 새로운 에너지를 얻기 위해 낮잠을 자지요. 낮잠을 잔 후에 힘내서 오후 근무를 하고 보통 4~5시에 퇴근을 하는데, 야근 문화가 보편적이지 않지만 경우에 따라서는 밤 늦게까지 일하기도 해요.

1 숫자 표현(2)

* 숫자 표현(1) ▶ 110쪽

11	12	13	14	15
mười một	mười hai	mười ba	mười bốn	mười lăm
16	17	18	19	20
mười sáu	mười bảy	mười tám	mười chín	hai mươi
21	22	30	40	50
hai mươi mốt	hai mươi hai	ba mươi	bốn mươi	năm mươi
60	70	80	90	100
sáu mươi	bảy / bẩy mươi	tám mươi	chín mươi	một trăm

① 15부터는 năm이 lăm으로 바뀝니다. 25 이상부터는 nhăm으로 읽기도 합니다.

② 20부터 99까지는 10(mười)의 성조가 없어져서 mươi로 읽습니다.

③ 21부터 91까지는 1(một)의 성조가 mốt으로 바뀝니다.

☑ 바로바로 체크   다음 베트남어 숫자를 아라비아 숫자로 쓰세요.

① năm mươi bảy ⇢ _____   ② ba mươi lăm ⇢ _____

③ tám mươi hai ⇢ _____   ④ chín mươi mốt ⇢ _____

---

2 시간 표현

시간은 「숫자+giờ」를 써서 나타내고, 분은 「숫자+phút」을 써서 나타냅니다. 하지만 실제 회화에서는 「숫자+giờ+숫자」로 표현하고 뒤에 phút은 자주 생략합니다.

ba mười lăm 3 giờ 15 (phút)	3시 15분	mười một mười 11 giờ kém 10	11시 10분 전
bảy/bẩy ba mươi 7 giờ 30 (phút)	7시 30분	sáu hơn 6 giờ	6시가 넘음
mười hai năm mươi lăm 12 giờ 55 phút	12시 55분	chín chín 9 giờ đúng = đúng 9 giờ	9시 정각
bảy/bẩy 7 giờ rưỡi	7시 반	hai 2 tiếng	2시간

시간을 물을 때는 다음 표현을 사용합니다.

Bây giờ là mấy giờ (rồi)?   지금 몇 시예요?

Bây giờ là 4 giờ 25 (phút).   지금 4시 25분이에요.

> **TIP**
>
> 하루 중 때를 나타내는 단어와 함께 쓸 때는 「시간+오전/오후/점심/저녁/밤 등」 순서로 씁니다.
>
> **10 giờ sáng**   오전 10시
> **8 giờ tối**   저녁 8시

☑ **바로바로 체크**   다음 시간을 베트남어로 쓰세요.

①   ②   ③

_____   _____   _____

---

3 접속사 hoặc

접속사 hoặc은 '또는', '혹은'이라는 뜻으로 단어와 단어, 구와 구, 절과 절 사이에 위치하여 선택을 나타내며 평서문에만 쓰입니다. 비슷한 뜻을 가진 접속사 hay(아니면)는 의문문과 평서문에 모두 쓸 수 있습니다.

Tôi thường ăn phở hoặc uống sữa.   나는 보통 쌀국수를 먹거나 우유를 마신다.

Bạn muốn đi dạo hay đi xem phim?   너는 산책 가고 싶니 아니면 영화 보러 가고 싶니?

☑ **바로바로 체크**   다음 빈칸에 hoặc 또는 hay를 넣어 문장을 완성하세요.(중복 사용 기능)

① Chị đã mua túi xách này _____ túi xách kia?

② Buổi chiều tôi thường đi thư viện _____ đi nhà sách.

③ Anh sẽ đi du lịch ở Việt Nam _____ Thái Lan?

단어   phút 풋 분 | kém 깸 부족하다 | hơn 헌 (숫자) 이상, ~보다 더 | đúng 둥 맞다, 정확하다 | tiếng 띠엥 (몇) 시간 | đi dạo 디 자오(야오) 산책하다 | túi xách 뚜이 싸익(싹) 가방 | nhà sách 냐 싸익(싹) 서점 | Thái Lan 타이 란 태국

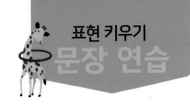

표현 키우기
문장 연습

Track09-4

⊕ 제시된 표현을 자연스럽게 따라 읽으며 베트남어 문장을 익혀 보세요.

1

Bây giờ là mấy giờ rồi?
Bây giờ là 11 giờ 35.

Bạn thường làm việc từ mấy giờ đến mấy giờ?
Tôi thường làm việc từ 9 giờ sáng đến 6 giờ tối.

• sáng 쌍 오전, 아침 ┃ tối 또이 저녁

2

Bạn thường đi học lúc mấy giờ?
Tôi thường đi học lúc 9 giờ sáng.

Buổi tối bạn thường làm gì?
Buổi tối tôi thường đọc sách.

• đọc sách 독 싸익(싹) 독서하다

💬 다음 문장을 베트남어로 말해 보세요.

• 당신은 보통 몇 시에 잠자리에 드나요(đi ngủ)? ⇨ _____

• 저녁에 나는 주로 산책해요(đi dạo). ⇨ _____

124

회화 익히기

스피킹 연습

➕ 다음 그림을 보고, 〈보기〉를 참고하여 말해 보세요.

보기

Hải thường thức dậy lúc mấy giờ?
하이(Hải)는 보통 몇 시에 기상하나요?

Hải thường thức dậy lúc 6 giờ sáng.
하이(Hải)는 보통 아침 6시에 일어납니다.

AM 6:00

thức dậy 기상하다, 일어나다

❶

ăn sáng 아침을 먹다

Lan thường _____ ?

Lan thường _____ .

❷

học tiếng Hàn 한국어를 공부하다

Hương thường _____ ?

Hương thường _____ .

❸

chơi bóng đá 축구를 하다

Ho-jin thường _____ ?

Ho-jin thường _____ .

❹

xem tivi TV를 보다

Su-jin thường _____ ?

Su-jin thường _____ .

1 녹음을 듣고 질문에 답하세요.

Track09-6

❶ _____

❷ _____

❸ _____

2 다음 글을 읽고 질문에 답하세요.

Track09-7

> Hôm nay tôi thức dậy lúc 6 giờ rưỡi sáng. Tôi tắm rửa và ăn sáng rồi chuẩn bị đi học. Tôi học ở trường từ 10 giờ sáng đến 3 giờ chiều. Tôi thường về đến nhà lúc 5 giờ chiều. Buổi tối tôi thường tập thể dục và đọc sách trong 2 tiếng. 11 giờ rưỡi, tôi đi ngủ.

❶ Hôm nay Ho-jin thức dậy lúc mấy giờ?

⇨ _____

❷ Sau khi tắm rửa và ăn sáng, Ho-jin làm gì?

⇨ _____

❸ Ho-jin học ở trường từ mấy giờ đến mấy giờ?

⇨ _____

❹ Buổi tối Ho-jin thường làm gì?

⇨ _____

단어 tắm rửa 땀 즈어(르어) 씻다 ㅣ ăn sáng 안 쌍 아침을 먹다 ㅣ chuẩn bị 쭈언 비 준비하다 ㅣ trường 쯔엉 학교 ㅣ
về đến nhà 베 덴 냐 귀가하다, 집에 도착하다 ㅣ tập thể dục 떱 테 죽(육) 운동하다 ㅣ trong 쫑 ~안에, ~동안에
ㅣ tiếng 띠엥 (몇) 시간 ㅣ sau khi 싸우 키 ~한 후에

3 제시된 단어를 배열하여 문장을 만드세요.

① kém   bây giờ   mười   tám giờ   là

⇢ _____.

지금은 8시 10분 전이다.

② ăn trưa   thường   mình   12 giờ   lúc

⇢ _____.

나는 주로 12시에 점심을 먹는다.

③ học bài   hoặc   đọc sách   buổi tối   tôi

⇢ _____.

저녁에 나는 자습을 하거나 독서를 한다.

4 다음 〈보기〉 중에서 빈칸에 들어갈 알맞은 단어를 고르세요.

> **보기**   từ ~ đến ~   lúc   trong

① Bạn ấy ăn sáng _____ 30 phút.

② Tôi nghỉ trưa _____ 12 giờ rưỡi _____ 1 giờ trưa.

③ Chị ấy thường đi ngủ _____ 11 giờ đêm.

단어 học bài 혹 바이 자습하다 ┃ bạn ấy 반 어이 그 친구 ┃ nghỉ trưa 응이 쯔어 점심 휴식 ┃ đêm 뎀 밤

thức dậy
특 저이(여이)
기상하다

đi ngủ
디 응우
잠자리에 들다

rửa mặt
즈어(르어) 맛
세수하다

đánh răng
다잉(단) 장(랑)
양치하다

đi làm
디 람
출근하다

tan tầm
탄 떰
퇴근하다

đi học
디 혹
등교하다

tan học
딴 혹
하교하다

ăn sáng / trưa / tối
안 쌍 / 쯔어 / 또이
아침 / 점심 / 저녁을 먹다

mặc áo
막 아오
옷을 입다

trang điểm
짱 디엠
화장을 하다

베트남의 숫자 문화

각 나라마다 선호하는 숫자가 존재합니다. 우리나라는 삼세판의 3, 중국은 재물을 부르는 8, 서양은 행운의 7을 좋아하지요. 베트남 역시 흥미롭게도 선호하는 숫자와 꺼리는 숫자가 있습니다. 베트남에서 선호하는 대표적인 숫자는 5와 9입니다. 베트남은 윤회 사상을 받아들여 인간의 삶을 숫자에 비유하는데, 5와 9가 다시 태어나는(sinh) 것을 의미하기에 길조로 생각합니다. 베트남의 대표 맥주 333맥주도 9를 연상시키는 전략적인 이름 덕분에 인기가 좋고, 9가 여러 개 들어간 핸드폰 번호가 100만 달러에 거래될 만큼 베트남 사람들의 숫자 9 사랑은 유난스럽습니다. 반면 숫자 4와 7은 흉조로 여겨집니다. 숫자 4(tư)는 '죽음'을 의미하는 단어 tử와 발음이 비슷하고, 숫자 7(bảy)은 '실패'를 의미하는 단어 bại와 발음이 비슷하기 때문입니다.

Hôm nay là thứ năm.

오늘은 목요일입니다.

회화★1

☐☐ cuối tuần	꾸오이 뚜언	주말
☐☐ định	딩	~할 예정이다, ~할 계획이다
☐☐ Đà Lạt	달 랏	[지명] 달랏
☐☐ chơi	쩌이	놀다
☐☐ hay	하이	[형용사] 좋다, 잘하다, 재미있다
☐☐ bao giờ	바오 저(여)	[의문사] 언제
☐☐ về	베	돌아가다
☐☐ thứ ba	트 바	화요일
☐☐ mới	머이	비로소, 그제서야

회화★2

☐☐ ngày	응아이	날, 일
☐☐ tháng	탕	월, 달
☐☐ vì sao	비 싸오	[의문사] 왜
☐☐ hoa	호아	꽃
☐☐ vậy	버이	이유나 원인을 묻는 의문문 끝에 쓰여 어감을 친근하게 만듦
☐☐ bởi vì	버이 비	왜냐하면
☐☐ phụ nữ	푸 느	여성
☐☐ đàn ông	단 옹	남성
☐☐ tặng	땅	증정하다, 선물하다
☐☐ cho	쪼	[전치사] ~에게, ~를 위해
☐☐ vào	바오	[전치사] (시간, 날짜, 요일, 계절 등의 앞에 붙여) ~에

회화 **★1** 계획 말하기

Track10-2

 Lan

Cuối tuần này em định đi Đà Lạt chơi.

 Ho-jin

Hay quá! Bao giờ❶ em về Hà Nội?

 Lan

Sáng thứ ba em mới về.

 Ho-jin

Hôm nay là thứ mấy?❸

 Lan

Hôm nay là thứ năm.❷

전치사 cho

'~에게', '~를 위해'라는 뜻으로, 「주어+동사+목적어+cho+명사」 형식으로 쓰입니다.

예 Tôi gửi email cho con trai tôi.　나는 아들에게 이메일을 보낸다.

· gửi 그이 보내다 | con trai 꼰 짜이 아들

Track10-3

회화★2 날짜 말하기

Su-jin

Hôm nay là ngày bao nhiêu?[3]

Tài

Hôm nay là ngày 20 tháng 10.[2]

Su-jin

Vì sao[4] bạn mua hoa vậy?

Tài

Bởi vì hôm nay là ngày phụ nữ Việt Nam.

Đàn ông tặng hoa cho phụ nữ vào ngày này.

베트남 속 으로!

베트남에서 여성의 날은 중요해요!

베트남의 기념일을 이야기할 때 여성의 날을 다섯 손가락 안에 꼽는 이들이 많을 정도로 여성의 날은 베트남에서 빼놓을 수 없는 중요한 날이에요. 베트남의 공식적인 여성의 날은 10월 20일로, 이날에는 회사에서, 가정에서, 그리고 상점에서 모든 여성들이 존중과 혜택을 받아요. 남편이 여성의 날을 그냥 지나치면 일 년 동안 괴로울 각오를 해야 한다는 우스갯소리가 있을 정도로 베트남 사람들에게 여성의 날은 반드시 챙겨야 하는 기념일로 통하지요. 젊은 연인들 사이에는 밸런타인데이나 크리스마스보다 중요한 날로 여겨서 번화가에는 데이트를 즐기려는 연인들로 인해 교통 혼잡이 빚어지기도 한답니다.

1 의문사 bao giờ

의문사 bao giờ는 '언제'라는 뜻으로 khi nào와 같은 뜻입니다. bao giờ와 khi nào는 문두에 올 때는 미래 시제, 문미에 올 때는 과거 시제를 나타냅니다. 이때 시제사 đã, sẽ와 함께 써도 되고 쓰지 않아도 됩니다.

Bao giờ anh về thành phố Hồ Chí Minh?	형(오빠)은 언제 호찌민 시로 돌아오나요? [미래]
Chị đã đến đây **khi nào**?	언니(누나)는 언제 여기 왔어요? [과거]

☑ **바로바로 체크**   다음 질문에 알맞은 답을 고르세요.

Bao giờ bạn đi du lịch ở Việt Nam?

① hôm kia   ② ngày mai   ③ hôm qua   ④ năm ngoái

2 날짜와 요일 표현

날짜를 말할 때는 ngày(일), tháng(월), năm(년)을 사용합니다. 이때 우리말과 반대로 「ngày+숫자, tháng+숫자, năm+숫자」의 순서로 말합니다. 요일과 함께 말할 때는 「요일+일+월+년」 순서로 말합니다.

ngày 13 **tháng** 2 **năm** 2021	2021년 2월 13일
chủ nhật ngày 14 tháng 3 năm 2021	2021년 3월 14일 일요일

❶ 일

1일	2일	3일	15일	30일	31일
ngày mùng một	ngày mùng hai	ngày mùng ba	ngày mười lăm	ngày ba mươi	ngày ba mươi mốt

TIP

1일에서 10일을 말할 때는 앞에 초순이라는 의미의 mùng 혹은 mồng을 붙이는데, 해석은 하지 않아도 됩니다. 이때 ngày는 생략할 수 있습니다.

ngày **mùng** hai tháng một	1월 2일
Sinh nhật của tôi là **mồng** bốn tháng năm.	내 생일은 5월 4일이다.

❷ 월/달

1월	2월	3월	4월	5월	6월
tháng một	tháng hai	tháng ba	tháng tư	tháng năm	tháng sáu
7월	8월	9월	10월	11월	12월
tháng bảy	tháng tám	tháng chín	tháng mười	tháng mười một	tháng mười hai

① 4월은 tháng bốn이라고 하지 않고 tháng tư라고 합니다.

② 1월은 tháng giêng(정월)이라고도 하고, 12월은 tháng chạp(섣달)이라고도 합니다.

❸ 년 : 한 글자씩 혹은 두 글자씩 읽기도 하지만, 주로 nghìn/ngàn(천), trăm(백)을 사용하여 완전하게 읽습니다.

năm 2020 ⋯› năm hai nghìn(ngàn) không trăm hai mươi   2020년

năm 2002 ⋯› năm hai nghìn(ngàn) không trăm linh(lẻ) hai   2002년

십의 자리에 0이 올 때는 linh 혹은 lẻ로, 백의 자리에 0이 올 때는 không trăm으로 읽습니다.

❹ 요일 : 베트남어에서 요일은 서수를 써서 표현합니다. 서수는 「thứ+기수」 형식을 사용합니다. 일요일을 제1일로 하여, 월요일은 두 번째 날, 화요일은 세 번째 날이 됩니다. 일요일은 숫자 1을 사용하지 않고, 주일(主日)이라는 의미의 chủ nhật으로 표현합니다.

일요일	월요일	화요일	수요일	목요일	금요일	토요일
chủ nhật	thứ hai	thứ ba	thứ tư	thứ năm	thứ sáu	thứ bảy

서수를 만들 때 첫 번째와 네 번째는 một, bốn이 아니라 한자어 nhất, tư를 사용합니다.

첫 번째 ⋯› thứ nhất   네 번째 ⋯› thứ tư

☑️ 바로바로 체크   다음을 베트남어로 말해 보세요.

① 2015년 7월 3일 금요일   ⋯› _____

② 2022년 12월 31일 토요일   ⋯› _____

단어 thành phố Hồ Chí Minh 타잉(탄) 포 호 찌 밍 호찌민 시 | đến 덴 오다, 도착하다 | hôm kia 홈 끼어 그제 |
năm ngoái 남 응오아이 작년 | sinh nhật 씽 녓 생일

3 날짜와 요일 묻고 답하기

❶ 날짜를 물어볼 때는 수량의문사 mấy와 bao nhiêu를 모두 사용할 수 있는데, 10일 이전이면 mấy, 10일이 넘으면 bao nhiêu를 씁니다.

A Hôm nay là ngày mấy? 오늘은 며칠이에요?

B Hôm nay là ngày mồng 8. 오늘은 8일이에요.

A Ngày phụ nữ Việt Nam là ngày bao nhiêu? 베트남 여성의 날은 며칠이죠?

B Ngày phụ nữ Việt Nam là ngày 20 tháng 10. 베트남 여성의 날은 10월 20일이에요.

생일, 기념일 등 특정한 날을 물어볼 때는 ngày nào를 좀 더 많이 씁니다.

❷ 월(달)을 물어볼 때는 수량의문사 mấy를 사용합니다.

A Anh đi Việt Nam vào tháng mấy? 형(오빠)은 몇 월에 베트남에 가요?

B Anh đi Việt Nam vào tháng 11. 나는 11월에 베트남에 가.

❸ 연도를 물어볼 때는 bao nhiêu 혹은 nào를 사용합니다.

A Em sinh năm bao nhiêu? 너는 몇 년생이니?

B Em sinh năm 2001. 저는 2001년생이에요.

A Năm sau là năm nào? 내년은 몇 년도죠?

B Năm sau là năm 2022. 내년은 2022년이에요.

❹ 요일을 묻고 답할 때는 수량의문사 mấy를 사용합니다.

A Hôm nay là thứ mấy? 오늘은 무슨 요일인가요?

B Hôm nay là thứ sáu. 오늘은 금요일이에요.

☑ **바로바로 체크**   다음 대답을 참고하여 질문을 쓰세요.

① Năm sau tôi định đến Hà Nội.   ⇥ _____

② Sinh nhật của tớ là ngày 26 tháng 5.   ⇥ _____

⑤ 기간은 「숫자+ngày / tháng / năm」 순서로 나타냅니다. 날짜의 어순과 반대입니다.

기간 표현	3 ngày	3일, 사흘	날짜 표현	ngày mùng 3	3일
	5 tháng	5개월		tháng 5	5월
	21 năm	21년		năm 2021	2021년

기간을 물어볼 때는 「수량의문사+ngày / tháng / năm」 형식을 사용합니다.

Bạn đã học tiếng Việt mấy năm?　　너는 몇 년 동안 베트남어를 공부했니?
Mình đã học tiếng Việt 1 năm.　　나는 1년 동안 베트남어를 공부했어.

☑ 바로바로 체크　　다음 문장을 읽고 맞으면 Đ, 틀리면 S를 쓰세요. ─────

③ Ngày mai là 13 ngày.　　　　　　　(　　　)

④ Em Linh học tiếng Hàn trong 2 tháng.　　(　　　)

4 의문사 vì sao

의문사 vì sao를 문장 제일 앞이나 단독으로 사용하여 원인이나 이유를 물어볼 수 있습니다. 이때 문장 끝에 vậy나 thế를 쓰면 자연스러운 어감을 나타냅니다.

Vì sao bạn không ăn cơm thế?　　왜 너는 밥을 안 먹는 거니?
Vì sao chị Hoa không đến vậy?　　호아(Hoa) 누나(언니)는 왜 안 오지?

대답은 문장 제일 앞에 '왜냐하면 ~때문에'라는 뜻의 bởi vì이나 vì를 써서 나타냅니다.

Bởi vì mình không muốn ăn.　　왜냐하면 나는 먹고 싶지 않아.

☑ 바로바로 체크　　다음 중 빈칸에 들어갈 알맞은 단어를 고르세요. ─────

nào　　　　bao giờ　　　　vì sao

① Chú muốn mua hoa _____ ạ?

② Bác đã đến Đà Lạt _____ ?

③ _____ anh tặng hoa cho chị ấy?

단어 sinh 씽 낳다, 태어나다 | năm sau 남 싸우 내년

➕ 제시된 표현을 자연스럽게 따라 읽으며 베트남어 문장을 익혀 보세요.

1

Hôm nay là thứ mấy?
Hôm nay là thứ ba.

Bao giờ bạn về Hàn Quốc?
Chiều thứ năm tôi mới về.

· về 베 돌아가다

2

Hôm nay là ngày mấy?
Hôm nay là ngày mùng 7 tháng 9.

Vì sao hôm nay bạn không đi làm?
Bởi vì hôm nay là ngày lao động.

· ngày lao động 응아이 라오 동 노동절

💬 다음 문장을 베트남어로 말해 보세요.

· 오늘은 목요일입니다.   ⇨ _____

· 오늘이 쉬는 날(ngày nghỉ)이기 때문이에요.   ⇨ _____

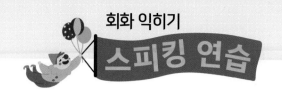

➕ 다음 그림을 보고, 〈보기〉를 참고하여 말해 보세요.

9월

일	월	화	수	목	금	토
			1 오늘	2 ★ 베트남 국경절	3	4 영화 보기
5	6	7	8	9	10	11
12	13 ✈ 베트남 여행	14	15	16	17	18
19	20	21	22 내 생일	23	24	25
26	27	28	29	30		

보기

Ho-jin sẽ đi xem phim vào ngày mấy?
호진이는 며칠에 영화를 보러 가나요?

Ho-jin đi xem phim vào ngày mùng 4 tháng 9.
호진이는 9월 4일에 영화를 보러 가요.

❶ Hôm nay là ngày mấy?

Hôm nay là _____.

❷ Ngày Quốc khánh của Việt Nam là ngày nào?

Ngày Quốc khánh của Việt Nam là _____.

❸ Ho-jin đi du lịch ở Việt Nam từ ngày bao nhiêu đến ngày bao nhiêu?

Ho-jin đi du lịch ở Việt Nam _____.

단어 ngày Quốc khánh 응아이 꾸옥 카잉(칸) (베트남의) 국경절

Track10-6

1 녹음을 듣고 질문에 답하세요.

❶ _____

❷ _____

❸ _____

Track10-7

2 다음 글을 읽고 질문에 답하세요.

> Hôm nay là thứ hai, ngày 19 tháng 10. Ngày mai là sinh nhật của tôi còn thứ ba tuần sau là sinh nhật của bố tôi. Cả gia đình tôi định đi du lịch ở Nha Trang vào thứ sáu tuần này. Chúng tôi sẽ ở Nha Trang 4 ngày.

❶ Sinh nhật của Lan là ngày nào?

⇢ _____

❷ Sinh nhật của bố Lan là ngày nào?

⇢ _____

❸ Bao giờ cả gia đình Lan đi du lịch ở Nha Trang?

⇢ _____

❹ Họ sẽ ở Nha Trang mấy ngày?

⇢ _____

단어 tuần sau 뚜언 싸우 다음 주 | cả gia đình 까 자(야) 딩 온 가족 | Nha Trang 냐 짱 [지명] 냐짱, 나트랑 | tuần này 뚜언 나이 이번 주 | họ 호 그들

3 제시된 단어를 배열하여 문장을 만드세요.

① đã   bao giờ   về nước   chị

⇢ _____ ?

언니(누나)는 언제 귀국했어요?

② cho   em ấy   tặng   quà   mình   bạn gái

⇢ _____ .

그 동생은 자신의 여자 친구에게 선물을 줍니다.

③ anh   vì sao   thích   mèo   không

⇢ _____ ?

오빠(형)는 왜 고양이를 안 좋아하나요?

4 다음 〈보기〉 중에서 빈칸에 들어갈 알맞은 단어를 고르세요.

보기	vào	trong	cho

① Chúng tôi sẽ đi du lịch ở Nga _____ 5 ngày.

② Em mua cà phê _____ anh ấy.

③ Tôi học tiếng Việt _____ tối thứ hai và tối thứ tư.

단어 về nước 베 느억 귀국하다 | quà 꾸아 선물 | bạn gái 반 가이 여자 친구 | chúng tôi 쭝 또이 우리 |
Nga 응아 러시아

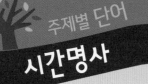

시간명사

Track10-8

tuần trước nữa	tháng trước nữa	năm kia	nửa đầu năm
뚜언 쯔억 느어	탕 쯔억 느어	남 끼어	느어 더우 남
지지난 주	지지난달	재작년	상반기

tuần trước	tháng trước	năm trước / năm ngoái	nửa cuối năm
뚜언 쯔억	탕 쯔억	남 쯔억 / 남 응오아이	느어 꾸오이 남
지난주	지난달	작년	하반기

tuần này	tháng này	năm nay	đầu năm
뚜언 나이	탕 나이	남 나이	더우 남
이번 주	이번 달	올해	연초

tuần sau	tháng sau	năm sau / sang năm	cuối năm
뚜언 싸우	탕 싸우	남 싸우 / 쌍 남	꾸오이 남
다음 주	다음 달	내년	연말

tuần sau nữa	tháng sau nữa	năm sau nữa	quý
뚜언 싸우 느어	탕 싸우 느어	남 싸우 느어	꾸이
다다음 주	다다음 달	후년	분기

베트남의 명절과 공휴일

베트남에도 구정과 신정이 있습니다. Tết(설날)은 베트남의 가장 큰 명절로, 음력 1월 1일을 기준으로 앞뒤로 2일 쉬지만, 실제로는 많은 사람들이 2주에 달하는 휴가를 가집니다. Tết을 기점으로 이직하기도 하고 이사를 가기도 하지요.

베트남에는 우리와 비슷한 공휴일도 존재하지만 공산 국가라는 특성상 공산당을 기리는 기념일이 많습니다. 베트남에는 공산당과 관련된 기념일이 5일이나 있습니다. 바로 공산당 창립 기념일(2월 3일), 해방 기념일(4월 30일), 호찌민 탄신일(5월 19일), 베트남 독립 기념일(9월 2일), 인민 군대 창립 기념일(12월 22일)인데, 기념일마다 시가지 퍼레이드가 펼쳐지며 사람들에게 다양한 볼거리를 제공합니다.

우리나라에서는 추석이 큰 명절이지만 베트남에서 그날은 어린이를 위한 날인데, 휴일로 정해져 있지는 않습니다. 또 베트남에서 석가탄신일은 휴일이지만 크리스마스는 휴일이 아닙니다. 하지만 실제로 많은 사람들이 크리스마스를 즐기기 위해 거리로 나오지요. 무더운 여름이지만 산타 복장을 한 사람들이 돌아다녀서 아주 이색적입니다.

BÀI

11

Bạn đã ăn cơm chưa?

너는 밥 먹었어?

회화★1

☐☐	nấu	너우	요리하다
☐☐	bún chả	분 짜	[음식 이름] 분짜
☐☐	chưa	쯔어	[부정사] 아직 ～아니다, 문장 끝에 쓰여 과거나 완료 의문문을 만듦
☐☐	đói	도이	배고프다
☐☐	bụng	붕	배
☐☐	thử	트	～해 보다, 시도하다
☐☐	chờ	쩌	기다리다
☐☐	một chút	못 쭛	조금, 잠시

회화★2

☐☐	dạo này	자오(야오) 나이	요즘, 오늘날
☐☐	các	깍	[2·3인칭 복수] ～들
☐☐	nhỉ	니	[어기조사] 문장 끝에 쓰여 돌려 말하는 어투를 나타냄
☐☐	sắp	쌉	[시제사] 곧 ～하다
☐☐	kỳ	끼	기간
☐☐	thi học kỳ	티 혹 끼	학기말 시험
☐☐	mà	마	[어기조사] 문장 끝에 쓰여 강조를 나타냄
☐☐	viết	비엣	쓰다
☐☐	báo cáo	바오 까오	보고서, 리포트
☐☐	xong	쏭	끝나다
☐☐	vừa ~ vừa ~	브어 ~ 브어 ~	[구문] ～하면서 ～하다
☐☐	ôn thi	온 티	시험을 준비하다
☐☐	cố lên	꼬 렌	힘내, 파이팅

Track11-2

회화 ★ 1 친구 집에서

Su-jin

Bạn đang làm gì đấy?

Tài

Mình đang nấu bún chả.

Bạn đã ăn cơm chưa?❶

Su-jin

Chưa. Mình đói bụng quá.

Tài

Thế, hôm nay bạn ăn thử❷ bún chả nhé.

Bạn chờ một chút.

 Tip

강조를 나타내는 mà

mà는 문장 끝에 위치하면 주어의 의견이나 생각을 강조합니다. '~잖아'라고 해석합니다.

예 Anh ấy không thích xem phim mà. 그 오빠(형)는 영화 보는 거 안 좋아하잖아.

회화 ★ 2 시험 기간에

Lan

Dạo này em gặp các anh❸ khó nhỉ.

Ho-jin

Ừ, chúng tôi❸ bận lắm.
Sắp❹ đến kỳ thi học kỳ rồi mà.

Lan

Anh Ji-min đã viết báo cáo xong chưa?

Ji-min

Chưa. Anh vừa ôn thi vừa viết báo cáo.❺

Lan

Thế à? Anh cố lên nhé.

베트남 속 으로!

베트남의 교육열은 높아요!

베트남 학생들도 우리와 마찬가지로 '국가 시행 고교시험(Kỳ thi THPT Quốc gia)'
인 대입 시험을 봐요. 9월에 학기가 시작되는 베트남은 매년 7월 초에 대입 시
험을 보는데, 12학년 학생(고3)들은 졸업 전에 치르는 이 시험을 위해 정말 열심
히 준비해요. 수능을 하루만 치르는 우리와는 달리 3일 동안 연이어 시험을 보
고, 전체 응시자의 약 60%만 대입에 성공한다고 해요.

1 chưa 탐구하기

chưa는 앞서 배운 không과 비슷한데, 과거나 완료를 부정하거나 물어볼 때 사용합니다. 동사 앞에 쓰면 부정문이 되고, 문장 끝에 쓰면 의문문이 됩니다. ＊ không ▶ 42쪽, 54쪽

부정문

주어 + chưa + 동사

Tôi chưa về đến nhà.　　　나는 아직 집에 도착하지 않았다.

의문문

주어 + 동사 + chưa?

Chị về đến nhà chưa?　　　언니(누나)는 집에 도착했어요?

문장 끝에 chưa를 붙여 과거나 완료를 묻는 의문문을 만들 때, 서술어 앞에 đã를 쓸 수 있습니다.

Chị đã về đến nhà chưa?　　　언니(누나)는 집에 도착했어요?

대답은 긍정일 때는 rồi, 부정일 때는 chưa로 합니다.

Rồi, chị đã về đến nhà rồi.　　　응, 언니(누나)는 집에 도착했어.
Chưa, chị chưa về đến nhà.　　　아니, 언니(누나)는 아직 집에 도착하지 않았어.

☑ 바로바로 체크　　다음 문장을 읽고 맞으면 Đ, 틀리면 S를 쓰세요.

① Rồi, tớ chưa làm xong.　　　(　　　)

② Chưa, chị ấy chưa đến.　　　(　　　)

③ Bạn đã viết báo cáo không?　　　(　　　)

② 시도 표현

thử는 동사 뒤에 위치하여 '시험 삼아 한번 ~해 보다'라는 뜻을 나타냅니다. 같은 뜻으로 「동사+xem」이 있습니다.

Áo này đẹp quá! Bạn mặc thử nhé.　　이 옷은 아주 예뻐요. 입어 봐요.

Bài hát này hay lắm. Chị nghe thử đi.　　이 노래가 너무 좋아요. 언니(누나) 한번 들어 봐요.

> ☑ **바로바로 체크**　다음 빈칸에 들어갈 알맞은 동사를 쓰세요.
>
> ① Phở bò ngon lắm. Anh _____ thử đi.
>
> ② Tiếng Việt thú vị lắm. Bạn _____ thử nhé.
>
> ③ Cà phê này thơm lắm. Chị _____ thử nhé.

③ 인칭 복수형

인칭의 복수형은 1인칭은 chúng, 2인칭과 3인칭은 các을 붙여서 만듭니다.

1인칭 복수	2인칭 복수	3인칭 복수
chúng tôi chúng ta chúng em chúng mình chúng tớ	các anh các chị các em các cô các bạn	các anh ấy các chị ấy các em ấy các cô ấy các bạn ấy họ 그들

> chúng tôi는 청자를 제외한 '우리'를 가리키고, chúng ta는 청자를 포함한 '우리'를 가리킵니다. họ는 불특정 3인칭 복수로 영어의 they와 비슷합니다.

단어　về đến nhà 베 덴 나 귀가하다, 집에 도착하다 ｜ mặc 막 입다 ｜ bài hát 바이 핫 노래 ｜ hay 하이 좋다 ｜ nghe 응애 듣다 ｜ đi 디 문장 끝에 쓰여 명령문이나 청유문을 만듦 ｜ phở bò 퍼 보 소고기 쌀국수 ｜ thơm 텀 향긋하다

4 시제사 sắp

① sắp은 '곧 ~할 것이다'라는 뜻으로 동사 앞에 위치하여 가까운 미래를 나타냅니다.

Tớ sắp đi du lịch Đà Lạt. 나는 곧 달랏으로 여행을 가.

② sắp은 완료를 나타내는 rồi와 함께 쓰여 미래 완료를 나타냅니다. 미래의 일이지만 곧 일어날 일을 강조하기 위해 미래 완료를 사용합니다.

Sắp đến nơi rồi. 다 왔어(곧 도착해).
Sắp đến giờ học rồi. 수업 시간이 다 되었어.

③ 미래 완료의 질문은 과거 완료와 마찬가지로 문장 끝에 chưa를 붙여 만듭니다.

Sắp đến nơi chưa? 다 왔어(곧 도착해)?
Sắp đến giờ học chưa? 수업 시간이 다 되었니?

> **TIP**
> sẽ는 비교적 막연한 미래나 의지를 나타내고,
> sắp은 가까운 미래를 나타냅니다.

☑ **바로바로 체크** 다음 빈칸에 sẽ 또는 sắp을 넣어 문장을 완성하세요.

① Ngày mai tôi _____ thức dậy sớm.

② Hai vợ chồng tôi _____ về nước rồi.

③ Năm sau các chị ấy _____ đi du học ở Mỹ.

단어 nơi 너이 장소 | giờ học 져(여) 혹 수업 시간 | sớm 썸 일찍 | vợ chồng 버 쫑 부부 | du học 주(유) 혹 유학하다

5 vừa A vừa B

「vừa A vừa B」는 'A하면서 B하다'라는 뜻으로 동사가 오면 동시 동작, 형용사가 오면 두 가지 특징을 동시에 가지고 있음을 나타냅니다. 「vừa C vừa D」등 제3, 제4의 상황도 함께 묘사할 수 있습니다.

> 주어 + vừa + 동사1 + vừa + 동사2

Chị vừa xem tivi vừa ăn cơm.   언니(누나)는 TV를 보면서 밥을 먹는다.
Anh ấy vừa làm bài tập vừa nghe nhạc. 그는 숙제를 하면서 음악을 듣는다.

> 주어 + vừa + 형용사1 + vừa + 형용사2

Anh Minh vừa đẹp trai vừa thông minh. 밍(Minh) 형(오빠)은 잘생겼으면서 똑똑하다.
Chị Thu vừa cao vừa thon thả.   투(Thu) 언니(누나)는 키가 크면서 날씬하다.

☑ 바로바로 체크   다음 두 문장을 「vừa A vừa B」구문을 사용하여 한 문장으로 바꾸세요.

① Bạn ấy hiền. Bạn ấy dễ thương.

⇢ _____

② Chú Nam lái xe. Chú Nam nghe nhạc.

⇢ _____

단어 đẹp trai 뎁 짜이 잘생기다 ┃ thông minh 통 밍 똑똑하다 ┃ thon thả 톤 타 날씬하다 ┃ hiền 히엔 착하다 ┃
dễ thương 제(예) 트엉 귀엽다 ┃ lái xe 라이 쌔 운전하다 ┃ nghe nhạc 응애 낙 음악을 듣다

표현 키우기
문장 연습

➕ 제시된 표현을 자연스럽게 따라 읽으며 베트남어 문장을 익혀 보세요.

1

Bạn đã ăn cơm chưa?

Rồi, tôi đã ăn cơm rồi.

Chưa, tôi chưa ăn cơm.

2

Bạn sắp về đến nhà chưa?

Tôi sắp về đến nhà rồi.

• về đến nhà 베 덴 냐 귀가하다, 집에 도착하다

3

Tiếng Việt thế nào?

Tiếng Việt vừa dễ vừa thú vị.

• dễ 제(예) 쉽다

💬 다음 문장을 베트남어로 말해 보세요.

• 나는 곧 귀국한다(về nước).   ⇨ _____

• 이 옷은 예쁘면서(đẹp) 싸다(rẻ).   ⇨ _____

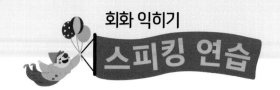

Track11-5

➕ 다음 그림을 보고, 〈보기〉를 참고하여 말해 보세요.

보기

Các bạn đã hiểu chưa?
여러분은 이해했나요?

➤ Rồi ạ, chúng em đã hiểu rồi ạ.
네, 저희들은 이해했어요.

hiểu 이해하다

học xong 수업을 마치다

Em ấy đã học xong chưa?

⇢ Rồi, _____ .

cuộc họp kết thúc 회의가 끝나다

Cuộc họp đã kết thúc chưa?

⇢ Chưa, _____ .

đến công ty 회사에 도착하다

Chị Thu đã đến công ty chưa?

⇢ Chưa, _____ .

uống thuốc 약을 마시다, 약을 먹다

Anh ấy đã uống thuốc chưa?

⇢ Rồi, _____ .

1 녹음을 듣고 질문에 답하세요.

Track11-6

❶ _____

❷ _____

❸ _____

2 다음 글을 읽고 질문에 답하세요.

Track11-7

> Tôi là Su-jin. Tôi đã sống ở Việt Nam 1 năm rồi. Tôi đã làm quen với nhiều bạn ở Việt Nam. Các bạn Việt Nam vừa thân thiện vừa tốt bụng. Tôi và các bạn tôi sắp đi du lịch ở đảo Phú Quốc vì tôi chưa đến đó. Ở đảo Phú Quốc tôi sẽ ăn thử món hải sản.

❶ Su-jin đã đến Việt Nam mấy năm rồi?

⇢ _____

❷ Các bạn Việt Nam của Su-jin thế nào?

⇢ _____

❸ Su-jin và các bạn của Su-jin sắp đi du lịch ở đâu?

⇢ _____

❹ Ở đảo Phú Quốc, Su-jin sẽ ăn thử món gì?

⇢ _____

단어 **làm quen** 람 꾸앤 ~와 사귀다, 친해지다 ㅣ **với** 버이 ~와 함께 ㅣ **nhiều** 니에우 많다 ㅣ **thân thiện** 턴 티엔 친절하다 ㅣ **tốt bụng** 똣 붕 마음씨가 좋다 ㅣ **đảo** 다오 섬 ㅣ **Phú Quốc** 푸 꾸옥 [지명] 푸꾸옥 ㅣ **hải sản** 하이 싼 해산물

154

3 제시된 단어를 배열하여 문장을 만드세요.

① chưa   đến   nơi   chúng tôi

⇢ _____ .

우리는 아직 장소에 도착하지 않았다.

② em Linh   đi dạo   vừa   vừa   nghe nhạc

⇢ _____ .

링(Linh)은 산책하면서 음악을 듣는다.

③ chưa   sắp   xong   học   bạn

⇢ _____ ?

너는 곧 수업이 끝나니?

4 다음 〈보기〉 중에서 빈칸에 들어갈 알맞은 단어를 고르세요.

보기   không   chưa   rồi

① Họ sắp làm xong _____ . 5 giờ rồi mà.

② Chị _____ ăn cơm vì no bụng.

③ Anh ấy vẫn _____ thi xong. Chúng ta đợi một chút nhé.

단어 **no bụng** 노 붕 배가 부르다 | **vẫn** 번 아직, 여전히 | **thi** 티 시험 보다 | **đợi** 도이 기다리다

Track11-8

nghe	nói
응애	노이
듣다	말하다

viết	đọc
비엣	독
쓰다	읽다

đứng	ngồi
등	응오이
일어서다	앉다

mở	đóng
머	동
열다	닫다

mua	bán
무어	반
사다	팔다

cười	khóc
끄어이	콕
웃다	울다

uống	ăn
우옹	안
마시다	먹다

họp	nghỉ
홉	응이
회의하다	쉬다

베트남 사람들의 식습관

요즘 우리나라에서도 심심치 않게 베트남 음식점을 발견할 수 있는데, 그만큼 베트남 음식이 우리에게 친숙해졌다는 의미겠지요. 실제로 베트남은 미식의 나라로 유명합니다. 베트남 음식의 가장 큰 특징은 다양한 향채가 들어간다는 점입니다. 특히 고수가 가장 많이 사용되는데, 우리에게 가장 큰 진입 장벽이 되는 향채이기도 하지요. 베트남 음식의 주요 식재료로는 느억맘, 반짱(라이스 페이퍼), 반미 등이 있습니다.

베트남 음식 하면 단연코 쌀국수가 가장 먼저 떠오르죠? 실제로 베트남 사람들은 아침 식사로 쌀국수(phở)를 즐겨 먹습니다. 베트남에 가면 바쁜 출근길에 길거리 식당에 앉아 간단하게 쌀국수를 먹는 사람들을 매일 볼 수 있습니다.

베트남은 더운 나라답게 더위를 피하기 위해 장시간 동안 점심을 먹는 편입니다. 식사는 주로 젓가락으로 하며 숟가락은 국물을 먹을 때만 사용합니다.

BÀI

12

Ôn tập

복습

──────── **학습 목표** ────────

복습 7~11과의 주요 학습 내용을 복습할 수 있다

단어 체크

1 다음 단어의 뜻을 쓰세요.

① là → _____ ② người → _____

③ làm việc → _____ ④ gia đình → _____

⑤ anh trai → _____ ⑥ công ty → _____

⑦ giờ → _____ ⑧ thường → _____

⑨ tập thể dục → _____ ⑩ cuối tuần → _____

⑪ chơi → _____ ⑫ vì sao → _____

⑬ đói → _____ ⑭ dạo này → _____

⑮ vừa ~ vừa ~ → _____ ⑯ nghề → _____

2 다음 뜻에 알맞은 베트남어를 쓰세요.

① 이름
→ _____

② [의문사] 어느, 어떤
→ _____

③ [가족] 누나, 언니
→ _____

④ 선생님
→ _____

⑤ 반, 절반
→ _____

⑥ 독서하다
→ _____

⑦ 돌아가다
→ _____

⑧ 화요일
→ _____

⑨ 기다리다
→ _____

⑩ 힘내, 파이팅
→ _____

1 là 문장

| 긍정문 | A + là + B | Tôi là Minh. | 나는 밍(Minh)입니다. |

| 부정문 | A + không phải là + B | Tôi không phải là Minh. | 나는 밍(Minh)이 아닙니다. |

| 의문문 | A + là + B phải không? / A + có phải là + B không? / Có phải A + là + B không? |

Anh là Minh phải không?   당신은 밍(Minh)인가요?
= Anh có phải là Minh không? = Có phải anh là Minh không?

2 의문사

① 의문사 nào : '어느', '어떤'이라는 뜻으로 반드시 「명사+nào」 형식으로 사용해야 합니다.

② 의문사 bao giờ : '언제'라는 뜻으로 khi nào와 같은 뜻입니다. bao giờ와 khi nào가 문두에 올 때는 미래 시제, 문미에 올 때는 과거 시제를 나타냅니다. 이때 시제사 đã, sẽ와 함께 써도 되고 쓰지 않아도 됩니다.

3 숫자 표현

1	2	3	4	5
một	hai	ba	bốn	năm
6	7	8	9	10
sáu	bảy / bẩy	tám	chín	mười
11	12	13	14	15
mười một	mười hai	mười ba	mười bốn	mười lăm
21	22	30	40	50
hai mươi mốt	hai mươi hai	ba mươi	bốn mươi	năm mươi

① 15부터는 năm이 lăm으로 바뀝니다. 25 이상부터는 nhăm으로 읽기도 합니다.
② 20부터 99까지는 10(mười)의 성조가 없어져서 mươi로 읽습니다.
③ 21부터 91까지는 1(một)의 성조가 mốt으로 바뀝니다.

4 접속사

화제 전환	열거	역접	선택
còn	và	nhưng	hoặc / hay
그러면, 그러나, 그런데	~와/과, 그리고	그러나, 하지만	또는, 혹은 / 아니면

TIP

선택 접속사에서 hoặc은 평서문에만 사용할 수 있고, hay는 의문문과 평서문에 모두 사용할 수 있습니다.

5 시간 표현 : '시'는 「숫자+giờ」, '분'은 「숫자+phút」으로 말합니다.

Bây giờ là mấy giờ (rồi)?   지금 몇 시예요?
Bây giờ là 4 giờ 25 (phút).   지금 4시 25분이에요.

6 날짜 표현 : '일'은 「ngày+숫자」, '월'은 「tháng+숫자」, '연도'는 「năm+숫자」로 말합니다.

Hôm nay là ngày mấy, tháng mấy, năm bao nhiêu?   오늘은 몇 년 몇 월 며칠이에요?
Hôm nay là <u>ngày mồng 8 tháng 7 năm 2022</u>.   오늘은 2022년 7월 8일이에요.

일요일	월요일	화요일	수요일	목요일	금요일	토요일
주일	두 번째	세 번째	네 번째	다섯 번째	여섯 번째	일곱 번째
chủ nhật	thứ hai	thứ ba	thứ tư	thứ năm	thứ sáu	thứ bảy

7 과거, 완료를 부정하고 물어보는 chưa

부정문   주어 + chưa + 동사

Tôi chưa về đến nhà.   나는 아직 집에 도착하지 않았다.

의문문   주어 + 동사 + chưa?

Chị về đến nhà chưa?   언니(누나)는 집에 도착했어요?

1 녹음을 듣고 빈칸을 채우세요.

Track12-1

① Anh trai cả là _____ dạy toán.

② Hôm nay là ngày _____ .

③ Buổi sáng anh thường _____ .

2 녹음을 듣고 질문에 답하세요.

Track12-2

① _____

② _____

③ _____

3 녹음을 듣고 질문에 알맞은 대답을 고르세요.

Track12-3

① Hải là con thứ mấy trong gia đình?

   A con một   B con út   C con cả

② Phim bắt đầu lúc mấy giờ?

   A 4:30   B 5:30   C 6:30

③ Bao giờ Minh đi Việt Nam?

   A ngày 15 tháng 3   B ngày 16 tháng 3   C ngày 17 tháng 3

④ Su-mi đã làm báo cáo xong chưa?

   A rồi   B chưa   C gần xong rồi

단어 **bắt đầu** 밧 더우 시작하다 | **gần** 건 가깝다

1 다음 빈칸에 들어갈 알맞은 단어를 고르세요.

① Minh có _____ là nhân viên ngân hàng không?

    A phải   B gì   C nào

② Buổi tối tôi thường đọc sách _____ xem tivi.

    A hoặc   B nhưng   C còn

③ Tôi đã mua quà _____ bố mẹ.

    A đi   B mới   C cho

④ Cô giáo sắp đến _____ .

    A chưa   B rồi   C quá

2 다음 중 맞는 문장에는 O, 틀린 문장에는 X를 표시한 후, 틀린 문장은 바르게 고치세요.

① Hải có là người Nhật Bản không phải? ☐

⇢ _____

② Anh trai cả phải không là giáo viên. ☐

⇢ _____

③ Chúng tôi sẽ đi xem phim lúc 9 giờ rưỡi tối. ☐

⇢ _____

④ Khi ở nhà, anh ấy thường vừa ăn cơm vừa xem tivi. ☐

⇢ _____

단어 **quà** 꾸아 선물 | **khi** 키 ~할 때

Track12-4

1 다음 글을 읽고 질문에 답하세요.

> Đây là dự định của Hải. Hôm nay là thứ bảy, ngày 24 tháng 7 năm 2021. Tôi đã thức dậy rất sớm để tập thể dục. Tôi thường tập thể dục ở công viên gần nhà. Ở công viên, có nhiều người tập thể dục. Tôi tập thể dục từ 8 giờ sáng đến 8 giờ rưỡi. Hôm nay tôi có hẹn đi xem phim với bạn Nam lúc 1 giờ chiều. Sau khi xem phim chúng tôi định đi mua sắm. Tôi muốn mua hoa bởi vì ngày mai là sinh nhật của mẹ. Ngày mai tôi sẽ tặng hoa cho mẹ tôi. Còn Nam cần mua áo. Chúng tôi sẽ đi Myeongdong bởi vì ở đó có nhiều cửa hàng thời trang.

❶ Hôm nay là thứ mấy, ngày bao nhiêu?

⋯⋰ _____

❷ Hôm nay Hải tập thể dục trong bao nhiêu phút?

⋯⋰ _____

❸ 1 giờ chiều, Hải và bạn Hải sẽ làm gì?

⋯⋰ _____

❹ Sau khi xem phim, họ định làm gì?

⋯⋰ _____

❺ Vì sao Hải muốn mua hoa?

⋯⋰ _____

❻ Họ sẽ mua sắm ở đâu? Vì sao?

⋯⋰ _____

단어 dự định 즈(이으) 딩 계획 I để 데 ~하기 위해서 I công viên 꽁 비엔 공원 I gần 건 가깝다

với 버이 ~와 함께 I sau khi 싸우 키 ~한 후에 I cần 껀 ~할 필요가 있다 I

cửa hàng thời trang 끄어 항 터이 짱 패션숍

164

1 다음 대답에 맞는 질문을 쓰세요.

① A _____ ?

너는 주로 몇 시부터 몇 시까지 일을 하니?

B Em thường làm việc từ 8 giờ sáng đến 5 giờ chiều.

저는 주로 아침 8시부터 오후 5시까지 일을 해요.

② A _____ ?

형(오빠)의 가족은 몇 월 며칠에 냐짱에 여행을 가나요?

B Gia đình tôi đi du lịch ở Nha Trang vào ngày 15 tháng 8.

나의 가족은 8월 15일에 냐짱에 여행을 가.

③ A _____ ?   오빠(형)는 저녁을 먹었어요?

B Chưa, anh chưa ăn tối.   아니, 나는 아직 저녁을 안 먹었어.

2 빈칸에 알맞은 단어를 넣어 대화를 완성하세요.

A Ôi, mấy _____ rồi Linh?

B 5 giờ rưỡi rồi. Anh đã làm báo cáo xong _____ ?

A Chưa, còn em? Em sắp làm xong _____ ?

B Rồi. Em _____ xong rồi. Sau khi làm xong, em sẽ giúp anh nhé.

A Cám ơn em nhiều.

B _____ . Anh cũng luôn giúp em mà.

Thế, buổi tối anh _____ làm gì?

A Anh sẽ đi bơi. Dạo này anh học bơi.

단어 giúp 춥(웁) 돕다 | luôn 루온 항상

부록

정답 및 해석

BÀI 01 Xin chào!
안녕하세요!

참 쉬운 회화 28쪽

회화 · 1

| 란 | 오빠, 안녕하세요. |
| 호진 | 동생, 안녕. |

회화 · 2

| 수진 | 친구야, 안녕. |
| 따이 | 또 봐. |

회화 · 3

| 호진 | 고마워. |
| 란 | 천만에요. |

회화 · 4

| 따이 | 친구야, 미안해. |
| 수진 | 괜찮아. |

실력 다지기 문법 30쪽

2 ❶ thầy   ❷ bạn

표현 키우기 확장 연습 33쪽

❶ (여자) 선생님
   (여자) 선생님, 안녕하세요
   (여자) 선생님, 안녕하세요.

❷ 친구야, 안녕.
   친구야, 또 보자.
   너를 만나서 반가워.

💬 다음 문장을 베트남어로 말해 보세요.

• Em chào thầy ạ.

• Hẹn gặp lại bạn.

회화 익히기 스피킹 연습 34쪽

❶ Chào chú ạ.   ❷ Cháu chào bác ạ.
❸ Chào bạn.   ❹ Cháu chào ông ạ.

실력 쌓기 연습문제 35쪽

2 ❶ mẹ   ❷ bò   ❸ hổ
  ❹ cố   ❺ xa   ❻ mã

3 ❶ am   ăn   âm
  ❷ em   ên   con
  ❸ ồn   ơn   in
  ❹ y tá   mu   sư

4 ❶ B   ❷ C   ❸ A

5 ❶ Hẹn gặp lại bạn.
  ❷ Chào bà ạ.

BÀI 02 Em có khỏe không?
너는 잘 지내니?

참 쉬운 회화 40쪽

회화 · 1

호진	너는 잘 지내니?
란	저는 잘 지내요. 오빠는요?
호진	나도 잘 지내.

회화 · 2

수진	너는 바쁘니?
따이	나는 조금 바빠.
수진	너는 피곤하니?
따이	나는 그다지 피곤하지 않아.

실력 다지기 **문법** 42쪽

1 ❶ C ❷ B

2 quá 또는 lắm / hơi

표현 키우기 **확장 연습** 45쪽

❶ 잘 지내다

아주 잘 지내다

나는 아주 잘 지낸다.

❷ 바쁘다

바쁘지 않다

나는 바쁘지 않다.

💬 다음 문장을 베트남어로 말해 보세요.

• Tôi vui lắm.

• Tôi không đói.

회화 익히기 **스피킹 연습** 46쪽

❶ Em có buồn không?

⋯→ Em buồn.

⋯→ Em không buồn.

❷ Bác có khỏe không ạ?

⋯→ Bác khỏe.

⋯→ Bác không khỏe.

❸ Bạn có vui không?

⋯→ Mình vui.

⋯→ Mình không vui.

❹ Chị có đói không?

⋯→ Chị đói.

⋯→ Chị không đói.

실력 쌓기 **연습문제** 47쪽

2 ❶ eo ❷ ảo ❸ òi

❹ oai ❺ iểu ❻ ừa

❼ ũa ❽ ội ❾ yêu

❿ ưới

3 ❶ khỏe ❷ không ❸ vui ❹ đói

4 ❶ Chị có lạnh không?

❷ Tôi không no.

❸ Mình cũng bận.

5 ❶ không ❷ lắm ❸ có

BÀI 03 Anh học gì?

당신은 무엇을 배워요?

참 쉬운 **회화** 52쪽

회화 • 1

란   오빠는 무엇을 배워요?

호진   나는 베트남어를 배워. 너는?

란   저는 한국어를 배워요.

한국어는 매우 어려워요.

회화 • 2

따이   민(Min)은 베트남어를 배워?

수진   응. 그 친구도 베트남어를 배워.

따이   베트남어는 어때?

수진   베트남어는 아주 재미있어.

1 ❶ S   ❷ Đ

2 ❶ gì   ❷ gì

3 ❶ B   ❷ C   ❸ B

표현 키우기 **확장 연습**   57쪽

❶ 배우다

베트남어를 배우다

나는 베트남어를 배운다.

❷ 먹다

먹지 않다

나는 먹지 않는다.

💬 다음 문장을 베트남어로 말해 보세요.

• Tôi học toán.

• Tôi không chơi.

회화 익히기 **스피킹 연습**   58쪽

❶ Chị có ăn phở không?

⋯ Có, chị ăn phở.

⋯ Không, chị không ăn phở.

❷ Em có biết tiếng Hàn không?

⋯ Có, em biết tiếng Hàn.

⋯ Không, em không biết tiếng Hàn.

❸ Cháu có đi Việt Nam không?

⋯ Có, cháu đi Việt Nam.

⋯ Không, cháu không đi Việt Nam.

❹ Cô có uống cà phê không?

⋯ Có, cô uống cà phê.

⋯ Không, cô không uống cà phê.

실력 쌓기 **연습문제**   59쪽

2 ❶ hè   ❷ tỷ

❸ đảo   ❹ bố

❺ Việt Nam   ❻ mắm

3 ❶ Em có biết tiếng Pháp không?

❷ Bạn xem gì?

❸ Tôi rất thích mèo.

4 ❶ B   ❷ C   ❸ A

5 ❶ Tôi học tiếng Anh.

❷ Có. Tôi học ghi-ta.

BÀI 04 **Anh đi đâu đấy?**
당신은 어디 가요?

참 쉬운 **회화**   64쪽

회화 •1

란   오빠는 어디 가는 거예요?

호진   나는 도서관에 가.

란   도서관은 어디 있어요?

호진   저쪽에.

회화 •2

따이   너는 어디에 살아?

수진   나는 하노이에 살아.

따이   너의 고향은 어디야?

수진   내 고향은 서울이야.

실력 다지기 **문법** 66쪽

1 ❶ C　　❷ C

2 ❶ B　　❷ B

3 ❶ đây　　❷ kia

표현 키우기 **확장 연습** 69쪽

❶ 도서관

도서관에 가다

나는 도서관에 간다.

❷ 다낭

다낭에 있다

나는 다낭에 있다.

💬 다음 문장을 베트남어로 말해 보세요.

• Tôi đi rạp chiếu phim.

• Tôi ở nhà.

회화 익히기 **스피킹 연습** 70쪽

❶ Bạn ở đâu đấy?

⋯⋯▸ Mình ở rạp chiếu phim.

❷ Chị ở đâu đấy?

⋯⋯▸ Chị ở nhà.

❸ Em ở đâu đấy?

⋯⋯▸ Em ở quán cà phê.

❹ Cậu ở đâu đấy?

⋯⋯▸ Tớ ở nhà sách.

실력 쌓기 **연습문제** 71쪽

2 ❶ chè　❷ trao　❸ ghét

　　❹ khổ　❺ nghi　❻ phao

3 ❶ đấy　❷ sống　❸ ở

4 ❶ C　❷ B　❸ A

5 ❶ Tôi ở siêu thị.

　　❷ Tôi đi làm. 또는 Tôi đi công ty.

BÀI 05 Tôi đã xem phim.
나는 영화를 봤어.

참 쉬운 **회화** 76쪽

회화 1

란　어제 오빠는 뭘 했어요?

호진　나는 영화를 봤어.

란　오늘 오후에 오빠는 뭘 할 거예요?

호진　나는 수영하러 갈 거야.

회화 2

따이　너는 뭘 마시고 싶어?

수진　나는 커피를 마시고 싶어.

따이　너는 케이크 먹는 거 좋아해?

수진　응, 나는 케이크 먹는 거 아주 좋아해.

실력 다지기 **문법** 78쪽

1 ❶ đã　❷ sẽ　❸ đang

3 ❶ A　　❷ A

표현 키우기 **확장 연습** 81쪽

1. 수영하다

   나는 수영할 것이다.

2. 커피를 마시다

   나는 커피 마시는 것을 좋아한다.

💬 다음 문장을 베트남어로 말해 보세요.

- Ngày mai tôi sẽ chơi bóng đá.
- Tôi thích dọn dẹp.

회화 익히기 **스피킹 연습** 82쪽

1. Bạn muốn làm gì?

   ⋯ Mình muốn nấu ăn.

2. Anh muốn làm gì?

   ⋯ Anh muốn thăm bạn bè.

3. Em muốn làm gì?

   ⋯ Em muốn nuôi con mèo.

4. Cậu muốn làm gì?

   ⋯ Tớ muốn chơi game.

실력 쌓기 **연습문제** 83쪽

2. ① chán ② đắt ③ quanh
   ④ lách ⑤ các ⑥ không

3. ① đã ② mai ③ ăn

4. ① C ② A ③ B

5. ① Em đã đi xe đạp.
   ② Thu thích hát.

Ôn tập
복습

단어 체크 87쪽

1. ① 연상 남자를 부르는 호칭, 형, 오빠
   ② 친구나 동년배를 부르는 호칭, 너
   ③ 서술어 앞에 쓰여 부정문을 만들거나 문장 끝에 쓰여 의문문을 만듦
   ④ 건강하다, 잘 지내다
   ⑤ 또한, 역시 ⑥ 매우, 아주, 무척
   ⑦ 공부하다, 배우다 ⑧ 베트남어
   ⑨ 재미있다
   ⑩ 가다, (교통수단을) 타다
   ⑪ 도서관 ⑫ 살다
   ⑬ 어제 ⑭ 좋아하다
   ⑮ ~를 원하다, ~하고 싶다
   ⑯ 먹다

2. ① hẹn ② gì ③ mình ④ mệt
   ⑤ khó ⑥ thế nào ⑦ ở ⑧ kia
   ⑨ xem ⑩ bơi

듣기 연습 90쪽

1. ① khỏe ② thú vị
   ③ thư viện ④ xem phim

2. [참고 답안]
   ① Cám ơn, tôi khỏe.
   ② Có. Tôi học tiếng Việt.
   ③ Tôi đang sống ở Suwon.
   ④ Có. Tôi rất thích uống cà phê.

듣기 대본

① Bạn có khỏe không?

② Bạn có học tiếng Việt không?

③ Bạn đang sống ở đâu?

④ Bạn có thích uống cà phê không?

3 ❶ A ❷ B ❸ C ❹ C

듣기 대본

① A Chào Nam, bạn có khỏe không?

B À, chào bạn Thu. Cám ơn bạn, mình khỏe, còn bạn?

A Mình bình thường.

A 안녕, 남(Nam), 너는 잘 지내니?

B 아, 안녕, 투(Thu). 고마워. 나는 잘 지내. 너는?

A 나는 그럭저럭 지내.

② A Anh Minh ơi, anh học gì?

B Anh học tiếng Hàn. Tiếng Hàn khó lắm. Còn em? Em học gì?

A Em học tiếng Anh.

· **ơi** 어이 2인칭 뒤에 붙여 부르는 말

A 밍(Minh) 오빠, 오빠는 무엇을 공부해요?

B 나는 한국어를 공부해. 한국어는 너무 어려워. 너는? 너는 무엇을 공부하니?

A 저는 영어를 공부해요.

③ A Linh ơi, quê cậu ở đâu?

B À, quê tớ ở Hà Nội. Nhưng tớ đang sống ở thành phố Hồ Chí Minh. Còn Jun?

A Quê tớ ở Seoul. Seoul là thủ đô của Hàn Quốc.

· **nhưng** 니응 그러나, 하지만

A 링(Linh), 너의 고향은 어디야?

B 아, 나의 고향은 하노이야. 하지만 나는 호찌민 시에서 살고 있어. 준은?

A 내 고향은 서울이야. 서울은 한국의 수도지.

④ A Hải ơi, chiều nay bạn sẽ làm gì?

B À, chào Thu. Mình sẽ đi uống cà phê. Còn bạn?

A Mình thích đọc sách nên đi thư viện.

· **đọc sách** 독 싸익(싹) 독서하다 | **nên** 넨 그래서

A 하이(Hải), 오늘 오후에 너는 뭘 해?

B 아, 투(Thu) 안녕. 나는 커피 마시러 가려고. 너는?

A 나는 책 읽는 것을 좋아해서 도서관에 가.

문법 연습 　　　　　　　　　91쪽

1 ❶ B ❷ C ❸ C ❹ C

2 ❶ X → Lan có vui không?

❷ O

❸ X → Phòng vệ sinh ở đằng kia.

❹ X → Tôi rất thích ăn bánh kem.

말하기 연습   92쪽

1

> 요즘 미나는 베트남어를 배우고 있습니다. 베트남어는 어렵지만 매우 재미있습니다. 오늘 오후에 미나는 외국어 학원에 공부하러 갈 것입니다. 외국어 학원은 미나의 집에서 조금 멉니다. 미나는 베트남어 공부하는 것을 무척 좋아합니다. 미나는 베트남어 연수를 하기 위해서 베트남에 가고 싶어 합니다.

❶ Hiện nay, Mina học tiếng Việt.

❷ Theo Mina, tiếng Việt khó nhưng rất thú vị.

❸ Mina học tiếng Việt ở trung tâm ngoại ngữ.

❹ Mina rất thích học tiếng Việt.

❺ Mina muốn đi Việt Nam để thực tập tiếng Việt.

2 [참고 답안]

❶ Hiện nay, tôi học tiếng Việt.

❷ Theo tôi, tiếng Việt khó nhưng rất thú vị.

❸ Tôi học tiếng Việt ở trung tâm ngoại ngữ. Tôi học tiếng Việt qua internet.

❹ Tôi rất thích học tiếng Việt.

❺ Tôi muốn đi Việt Nam để thực tập tiếng Việt.

• qua 꾸아 ~를 통해서 ㅣ internet 인떠넷 인터넷

쓰기 연습   93쪽

1 ❶ Anh có khỏe không?

❷ Chị có học tiếng Hàn không?

❸ Quê bạn ở đâu?

❹ Tối nay, anh sẽ làm gì?

❺ Bác có muốn xem phim không?

2 anh / khỏe / em / Còn / cũng / gì / học / thú vị / tiếng Việt

BÀI 07 Tôi tên là Ho-jin.
내 이름은 호진이에요.

참 쉬운 회화   96쪽

회화 1

흐엉 : 안녕하세요. 실례지만 이름이 무엇인가요?

호진 : 내 이름은 호진이에요.
그런데 당신의 이름은 프엉이 맞나요?

흐엉 : 아니에요. 제 이름은 흐엉이에요.

회화 2

흐엉 : 당신은 어느 나라 사람인가요?

호진 : 저는 한국 사람이에요.
그런데 당신은 베트남 사람이 맞지요?

흐엉 : 네. 저는 베트남 사람이에요.
저는 다낭에 살고 일해요.

실력 다지기 문법   98쪽

1 ❶ Bạn ấy không phải là người Việt Nam.
Bạn ấy là người Việt Nam phải không?
= Bạn ấy có phải là người Việt Nam không?
= Có phải bạn ấy là người Việt Nam không?

❷ Đây không phải là Linh.

Đây là Linh phải không?

= Đây có phải là Linh không?

= Có phải đây là Linh không?

2 ❶ C ❷ C

3 ❶ và ❷ Còn ❸ nhưng

표현 키우기 **문장 연습** 100쪽

❶ 당신은 한국 사람입니까?

네. 나는 한국 사람입니다.

당신은 베트남 사람입니까?

아닙니다. 나는 베트남 사람이 아닙니다.

❷ 하노이는 베트남의 수도입니까?

네. 하노이는 베트남의 수도입니다.

이것은 반미입니까?

아니요. 이것은 반미가 아닙니다.

💬 다음 문장을 베트남어로 말해 보세요.

• Bạn là người Mỹ phải không?

= Bạn có phải là người Mỹ không?

= Có phải bạn là người Mỹ không?

• Đây là phở bò.

회화 익히기 **스피킹 연습** 101쪽

❶ Tôi tên là Min-ho.

Tôi là người Hàn Quốc.

❷ Chị ấy tên là Anna.

Chị ấy là người Pháp.

❸ Anh ấy tên là Mike.

Anh ấy là người Mỹ.

❹ Em ấy tên là Ling.

Em ấy là người Trung Quốc.

실력 쌓기 **연습문제** 102쪽

1 [참고 답안]

❶ Tôi tên là Min-ho.

❷ Tôi là người Hàn Quốc.

❸ Vâng. Tôi là người Hàn Quốc.

> 듣기 대본
>
> ① Bạn tên là gì?
>
> ② Bạn là người nước nào?
>
> ③ Bạn là người Hàn Quốc phải không?

2

> 자기 소개를 하겠습니다. 내 이름은 따이 (Tài)입니다. 나는 베트남 사람입니다. 나는 하노이에 살고 일합니다.

❶ Tài là người Việt Nam.

❷ Tài sống và làm việc ở Hà Nội.

3 ❶ Bạn có phải là người Đức không?

❷ Kia có phải là anh Minh không?

❸ Đây có phải là áo dài không?

4 ❶ Anh ăn cơm ở nhà hàng nào?

❷ Cô ấy có phải là người Nga không?

❸ Chị sống và làm việc ở Hà Nội.

5 ❶ gì ❷ gì 또는 nào ❸ gì

BÀI 08 Gia đình anh có mấy người?

당신의 가족은 몇 명인가요?

참 쉬운 **회화**   108쪽

회화·1

란   오빠의 가족은 몇 명이에요?

호진   우리 가족은 4명이야.

         아빠, 엄마, 누나 그리고 나.

란   저희 가족은 5명이에요.

         아빠, 엄마, 오빠 둘과 저요.

         저는 가족 중에 막내예요.

회화·2

란   오빠의 누나는 무슨 일을 해요?

호진   우리 누나는 회사원이야.

         너의 두 오빠는 무슨 일을 해?

란   큰 오빠는 수학을 가르치는 선생님이에요.

         둘째 오빠는 아직 대학생이에요.

실력 다지기 **문법**   110쪽

1 ❶ 7   ❷ 6   ❸ 8

     ❹ 9   ❺ 2   ❻ 10

2 ❶ Lớp bạn có bao nhiêu học sinh?

     ❷ Gia đình bạn có mấy người?

4 ①

표현 키우기 **문장 연습**   112쪽

❶ 당신의 가족은 몇 명입니까?

     우리 가족은 4명입니다.

     당신은 가족 중에 몇 번째 자녀입니까?

     나는 가족 중에 맏이입니다.

❷ 당신은 무슨 일을 합니까?

     나는 은행원입니다.

     당신은 어디에서 일합니까?

     나는 은행에서 일합니다.

💬 다음 문장을 베트남어로 말해 보세요.

- Tôi là con út trong gia đình.
- Tôi làm việc ở công ty du lịch.

회화 익히기 **스피킹 연습**   113쪽

❶ Đây là anh trai tôi.

     Anh ấy là giám đốc.

❷ Đây là bố tôi.

     Bố tôi là công an.

❸ Đây là chị gái tôi.

     Chị ấy là y tá.

❹ Đây là bạn trai tôi.

     Anh ấy là luật sư.

실력 쌓기 **연습문제**   114쪽

1 [참고 답안]

❶ Gia đình tôi có 4 người.

❷ Tôi là con thứ hai trong gia đình.

❸ Tôi là nhân viên công ty.

> 듣기 대본
>
> ① Gia đình bạn có mấy người?
>
> ② Bạn là con thứ mấy trong gia đình?
>
> ③ Bạn làm nghề gì?

② 나는 란(Lan)입니다. 우리 가족은 아빠, 엄마, 오빠 둘 그리고 나, 5명이 있습니다. 나는 가족 중에 막내입니다. 나의 아버지는 기술자입니다. 나의 어머니는 가정주부입니다. 둘째 오빠와 나는 모두 경제 대학교의 대학생입니다. 우리 가족은 부유하지 않지만 매우 행복하게 살고 있습니다.

❶ Gia đình của Lan có 5 người: bố, mẹ, hai anh trai và Lan.

❷ Bố Lan là kỹ sư. Mẹ Lan là nội trợ.

❸ Phải. Anh trai thứ hai Lan và Lan đều là sinh viên.

❹ Gia đình Lan sống rất hạnh phúc.

③ ❶ Bạn có mấy anh chị em?

❷ Tôi là con cả trong gia đình.

❸ Chị gái cả là giáo viên dạy tiếng Anh.

④ ❶ còn   ❷ nghề   ❸ trong

BÀI 09 **Bây giờ là mấy giờ?**
지금은 몇 시인가요?

참 쉬운 회화　　　　　　　120쪽

회화·1

흐엉　지금 몇 시 됐어요?
타이　10시 반이 됐어.
흐엉　오빠는 주로 몇 시부터 몇 시까지 일해요?
타이　아침 9시부터 오후 5시까지.

회화·2

란　오빠는 주로 몇 시에 일어나요?
호진　아침 6시에.

아침에 나는 보통 운동을 하거든.
저녁에 너는 주로 무엇을 하니?

란　저는 주로 독서를 하거나 TV를 봐요.

실력 다지기 문법　　　　　　　122쪽

① ❶ 57   ❷ 35   ❸ 82   ❹ 91

② ❶ năm giờ năm mươi lăm phút 또는 sáu giờ kém năm

❷ tám giờ năm phút

❸ mười hai giờ đúng

③ ❶ hay   ❷ hay 또는 hoặc   ❸ hay

표현 키우기 문장 연습　　　　　　　124쪽

① 지금은 몇 시입니까?
지금은 11시 35분입니다.

당신은 보통 몇 시부터 몇 시까지 일합니까?
나는 보통 아침 9시부터 저녁 6시까지 일합니다.

② 당신은 보통 몇 시에 공부하러 갑니까?
나는 보통 아침 9시에 공부하러 갑니다.

저녁에 당신은 주로 무엇을 합니까?
저녁에 나는 주로 독서를 합니다.

💬 다음 문장을 베트남어로 말해 보세요.

• Bạn thường đi ngủ lúc mấy giờ?

• Buổi tối tôi thường đi dạo.

회화 익히기 스피킹 연습　　　　　　　125쪽

① Lan thường ăn sáng lúc mấy giờ?
Lan thường ăn sáng lúc 7 giờ sáng.

② **Hương thường** học tiếng Hàn lúc mấy giờ?

Hương thường học tiếng Hàn lúc 10 giờ sáng.

③ **Ho-jin thường** chơi bóng đá lúc mấy giờ?

Ho-jin thường chơi bóng đá lúc 3 giờ 30 chiều. 또는 **Ho-jin thường** chơi bóng đá lúc 3 giờ rưỡi chiều.

④ **Su-jin thường** xem tivi lúc mấy giờ?

Su-jin thường xem tivi lúc 9 giờ tối.

③ Ho-jin học ở trường từ 10 giờ sáng đến 3 giờ chiều.

④ Buổi tối Ho-jin thường tập thể dục và đọc sách trong 2 tiếng.

3 ① Bây giờ là tám giờ kém mười.

② Mình thường ăn trưa lúc 12 giờ.

③ Buổi tối tôi học bài hoặc đọc sách.

4 ① trong ② từ / đến ③ lúc

1 [참고 답안]

① Bây giờ là 10 giờ rưỡi sáng.

② Tôi thường đi ngủ lúc 12 giờ đêm.

③ Buổi tối tôi thường xem tivi.

┌─ 듣기 대본 ─┐
① Bây giờ là mấy giờ rồi?

② Bạn thường đi ngủ lúc mấy giờ?

③ Buổi tối bạn thường làm gì?
└──────────┘

2

오늘 나는 아침 6시 반에 일어났습니다. 나는 씻고 아침을 먹고 나서 공부하러 갈 준비를 합니다. 나는 아침 10시부터 오후 3시까지 학교에서 공부합니다. 나는 주로 오후 5시에 집에 도착합니다. 저녁에 나는 주로 두 시간 동안 운동을 하고 독서를 합니다. 11시 반에 나는 잠자리에 듭니다.

① Hôm nay Ho-jin thức dậy lúc 6 giờ rưỡi sáng.

② Sau khi tắm rửa và ăn sáng, Ho-jin chuẩn bị đi học.

Hôm nay là thứ năm.
오늘은 목요일입니다.

회화·1

란 이번 주말에 저는 달랏에 놀러 가요.

호진 너무 좋겠다! 너는 언제 하노이에 돌아와?

란 저는 화요일 아침에야 와요.

호진 오늘은 무슨 요일이지?

란 오늘은 목요일이에요.

회화·2

수진 오늘은 며칠이야?

따이 오늘은 10월 20일이야.

수진 왜 너는 꽃을 사?

따이 왜냐하면 오늘은 베트남 여성의 날이거든. 이날에 남자가 여자에게 꽃을 선물해.

1 ②

2 ❶ thứ sáu ngày mùng(mồng) ba tháng
   bảy(bẩy) năm hai nghìn(ngàn) không
   trăm mười lăm
   ❷ thứ bảy ngày ba mươi mốt tháng mười
   hai năm hai nghìn(ngàn) không trăm hai
   mươi hai

3 ❶ Bao giờ bạn định đến Hà Nội?
   ❷ Sinh nhật của cậu là ngày nào?
   ❸ S   ❹ Đ

4 ❶ nào   ❷ bao giờ   ❸ Vì sao

표현 키우기 **문장 연습**   138쪽

❶ 오늘은 무슨 요일입니까?
  오늘은 화요일입니다.

  언제 당신은 한국에 돌아갑니까?
  목요일 오후에야 나는 돌아갑니다.

❷ 오늘은 며칠입니까?
  오늘은 9월 7일입니다.

  왜 오늘 당신은 출근하지 않습니까?
  왜냐하면 오늘은 노동절입니다.

💬 다음 문장을 베트남어로 말해 보세요.
• Hôm nay là thứ năm.
• Bởi vì hôm nay là ngày nghỉ.

회화 익히기 **스피킹 연습**   139쪽

❶ Hôm nay là ngày mấy?
  Hôm nay là ngày mùng(mồng) 1 tháng 9.
❷ Ngày Quốc khánh của Việt Nam là ngày
  nào?
  Ngày Quốc khánh của Việt Nam là ngày
  mùng(mồng) 2 tháng 9.

❸ Ho-jin đi du lịch ở Việt Nam từ ngày bao
  nhiêu đến ngày bao nhiêu?
  Ho-jin đi du lịch ở Việt Nam từ ngày 13
  tháng 9 đến ngày 17 tháng 9.

실력 쌓기 **연습문제**   140쪽

1 [참고 답안]

❶ Hôm nay là thứ tư.
❷ Sinh nhật của tôi là ngày mùng(mồng)
  3 tháng 11.
❸ Bởi vì tiếng Việt rất thú vị.

┌─ 듣기 대본 ─────────────┐
│ ① Hôm nay là thứ mấy?   │
│ ② Sinh nhật của bạn là ngày nào?   │
│ ③ Vì sao bạn thích học tiếng Việt? │
└──────────────────────┘

2
┌──────────────────────┐
│ 오늘은 10월 19일 월요일입니다. 내일은 │
│ 나의 생일이고, 다음 주 화요일은 아버지 │
│ 의 생신입니다. 우리 온 가족은 이번 주 │
│ 금요일에 냐짱에 여행 갈 예정입니다. 우 │
│ 리는 냐짱에 4일 있을 것입니다.   │
└──────────────────────┘

❶ Sinh nhật của Lan là ngày 20 tháng 10.
❷ Sinh nhật của bố Lan là ngày 27 tháng 10.
❸ Thứ sáu tuần này cả gia đình Lan định đi
  du lịch ở Nha Trang.
❹ Họ sẽ ở Nha Trang 4 ngày.

3 ❶ Chị đã về nước bao giờ?
   ❷ Em ấy tặng quà cho bạn gái mình.
   ❸ Vì sao anh không thích mèo?

4 ❶ trong   ❷ cho   ❸ vào

참 쉬운 **회화** 146쪽

회화 1

수진   너는 뭘 하고 있어?

따이   나는 분짜를 만들고 있어.

       너는 밥 먹었어?

수진   아니. 난 너무 배가 고파.

따이   그러면, 오늘 분짜를 한번 먹어 봐.

       조금만 기다려.

회화 2

란   요즘 오빠들을 만나기 힘드네요.

호진   응, 우리는 너무 바빠.

       곧 기말고사잖아.

란   지민 오빠는 리포트를 다 썼어요?

지민   아직. 나는 시험 공부를 하면서 리포트를

       쓰고 있어.

란   그래요? 힘내요.

실력 다지기 **문법** 148쪽

1 ❶ S   ❷ Đ   ❸ S

2 ❶ ăn   ❷ học   ❸ uống

4 ❶ sẽ   ❷ sắp   ❸ sẽ

5 ❶ Bạn ấy vừa hiền vừa dễ thương.

      ❷ Chú Nam vừa lái xe vừa nghe nhạc.

표현 키우기 **문장 연습** 152쪽

❶ 당신은 밥을 먹었습니까?

   네, 나는 밥을 먹었습니다.

   아니요, 나는 아직 밥을 먹지 않았습니다.

❷ 당신은 곧 집에 도착합니까?

   나는 곧 집에 도착합니다.

❸ 베트남어는 어떤가요?

   베트남어는 쉬우면서 재미있습니다.

💬 다음 문장을 베트남어로 말해 보세요.

• Tôi sắp về nước rồi.

• Áo này vừa đẹp vừa rẻ.

회화 익히기 **스피킹 연습** 153쪽

❶ Em ấy đã học xong chưa?

   ⋯ Rồi, em ấy đã học xong rồi.

❷ Cuộc họp đã kết thúc chưa?

   ⋯ Chưa, cuộc họp chưa kết thúc.

❸ Chị Thu đã đến công ty chưa?

   ⋯ Chưa, chị Thu chưa đến công ty.

❹ Anh ấy đã uống thuốc chưa?

   ⋯ Rồi, anh ấy đã uống thuốc rồi.

실력 쌓기 **연습문제** 154쪽

1 [참고 답안]

❶ Tôi đã ăn sáng rồi.

❷ Tôi đang học tiếng Việt.

❸ Tiếng Việt vừa dễ vừa thú vị.

> **듣기 대본**
>
> ① Bạn đã ăn sáng chưa?
>
> ② Bạn đang làm gì?
>
> ③ Tiếng Việt thế nào?

나는 수진입니다. 나는 베트남에 1년 살았습니다. 나는 베트남에서 많은 친구들과 사귀었습니다. 베트남 친구들은 친절하고 마음씨가 좋습니다. 나와 친구들은 곧 푸꾸옥 섬에 여행을 가는데, 왜냐하면 내가 아직 그곳에 안 갔기 때문입니다. 푸꾸옥 섬에서 나는 해산물을 먹어 볼 것입니다.

❶ Su-jin đã đến Việt Nam 1 năm rồi.

❷ Các bạn Việt Nam của Su-jin vừa thân thiện vừa tốt bụng.

❸ Su-jin và các bạn của Su-jin sắp đi du lịch ở đảo Phú Quốc.

❹ Ở đảo Phú Quốc, Su-jin sẽ ăn thử món hải sản.

③ ❶ Chúng tôi chưa đến nơi.

❷ Em Linh vừa đi dạo vừa nghe nhạc.

❸ Bạn sắp học xong chưa?

④ ❶ rồi ❷ không ❸ chưa

Ôn tập
복습

단어 체크 159쪽

① ❶ ~이다 ❷ 사람
❸ 일하다 ❹ 가족
❺ [가족] 형, 오빠 ❻ 회사
❼ 시

⑧ [부사] 주로, 자주, 보통
⑨ 운동하다 ⑩ 주말
⑪ 놀다 ⑫ [의문사] 왜
⑬ 배고프다 ⑭ 요즘, 오늘날
⑮ [구문] ~하면서 ~하다
⑯ 직업

② ❶ tên ❷ nào
❸ chị gái ❹ giáo viên
❺ rưỡi ❻ đọc sách
❼ về ❽ thứ ba
❾ chờ ❿ cố lên

듣기 연습 162쪽

① ❶ Anh trai cả là giáo viên dạy toán.
❷ Hôm nay là ngày phụ nữ Việt Nam.
❸ Buổi sáng anh thường tập thể dục.

② [참고 답안]
❶ Tôi là người Hàn Quốc.
❷ Gia đình tôi có 4 người.
❸ Tôi thường thức dậy lúc 7 giờ sáng.

듣기 대본
① Bạn là người nước nào?
② Gia đình bạn có mấy người?
③ Bạn thường thức dậy lúc mấy giờ?

③ ❶ B ❷ C ❸ C ❹ C

듣기 대본
① A Gia đình Hải có mấy người?
B Gia đình tớ có 5 người: bố mẹ, một anh trai, một chị gái và tớ. Còn cậu?
A Ồ, gia đình tớ có 3 người: bố mẹ và tớ. Tớ là con một.

180

A 하이(Hải)의 가족은 몇 명이야?

B 우리 가족은 5명이야. 부모님, 형 한 명, 누나 한 명 그리고 나. 너는?

A 우리 가족은 3명이야. 부모님과 나. 나는 외동이야.

② A Mấy giờ rồi, Hà?

B 5 giờ rưỡi. Mấy giờ phim bắt đầu nhỉ?

A 1 tiếng nữa. Chúng ta ăn tối trước nhé.

· nữa 느어 ~도, 더

A 몇 시지? 하(Hà)야?

B 5시 반. 몇 시에 영화가 시작해?

A 한 시간 후에. 우리 저녁을 먼저 먹자.

③ A Hôm nay là ngày bao nhiêu, Linh?

B Hôm nay là ngày 15 tháng 3. Bao giờ Minh đi Việt Nam?

A 2 ngày nữa.

A 오늘은 며칠이지, 링(Linh)?

B 오늘은 3월 15일이야. 언제 밍(Minh)은 베트남에 가?

A 이틀 후에.

④ A Su-mi đã làm báo cáo xong chưa?

B Tớ sắp xong rồi. Cậu đã ăn trưa chưa?

A Chưa, tớ đói bụng lắm.

A 수미야, 보고서는 다 했어?

B 나 곧 끝나. 너는 점심 먹었어?

A 아직. 나 배가 너무 고파.

문법 연습
163쪽

1 ❶ A ❷ A ❸ C ❹ B

2 ❶ X → Hải có phải là người Nhật Bản không?

❷ X → Anh trai cả không phải là giáo viên.

❸ O

❹ O

말하기 연습
164쪽

1

이것은 하이(Hải)의 계획입니다. 오늘은 2021년 7월 24일 토요일입니다. 나는 운동하기 위해 매우 일찍 일어났습니다. 나는 보통 집에서 가까운 공원에서 운동합니다. 공원에는 운동하는 사람들이 많이 있습니다. 나는 아침 8시에서 8시 반까지 운동합니다. 오늘 나는 오후 1시에 친구 남(Nam)과 함께 영화를 보러 가기로 약속했습니다. 영화를 본 후에 우리는 쇼핑하러 갈 계획입니다. 내일이 어머니 생신이기 때문에 나는 꽃을 사고 싶습니다. 내일 나는 어머니께 꽃을 드릴 것입니다. 그리고 남(Nam)은 옷을 사야 합니다. 우리는 명동에 갈 것인데, 왜냐하면 그곳에는 패션 숍이 많이 있기 때문입니다.

❶ Hôm nay là thứ bảy, ngày 24 tháng 7 năm 2021.

❷ Hôm nay Hải tập thể dục trong 30 phút.

❸ 1 giờ chiều, Hải và bạn Hải sẽ đi xem phim.

❹ Sau khi xem phim, họ định đi mua sắm.

❺ Vì ngày mai là sinh nhật của mẹ Hải.

❻ Họ sẽ mua sắm ở Myeongdong vì ở đó có nhiều cửa hàng thời trang.

쓰기 연습 165쪽

1 ❶ Em thường làm việc từ mấy giờ đến mấy giờ?

❷ Gia đình anh đi du lịch ở Nha Trang vào ngày mấy tháng mấy?

❸ Anh đã ăn tối chưa?

2 giờ / chưa / chưa / sắp / Không có gì / sẽ

182